Thich Nhat Hanh

Zeiten der Achtsamkeit

HERDER spektrum

Band 5922

Das Buch

In den 60er Jahren wurde er in Amerika wegen seiner Friedensarbeit angefeindet. 1995 widmete ihm der US-Präsident einen „Tag der Achtsamkeit". Thich Nhat Hanh, der vietnamesische Mönch, Poet und Zenlehrer, einer der bedeutendsten Meditationsmeister unserer Zeit, sieht in der Übung der Achtsamkeit den Weg zum Wesentlichen, den Schlüssel zum Wunder einer Veränderung – der Welt und unseres eigenen Lebens. Seine Überzeugung: Jeder von uns hat die Kraft dazu, jeder kann auf diesem Weg die Quellen des Glücks, der Hoffnung und der Lebensfreude erschließen. Alle Handlungen und Begebenheiten des Alltags können zum Hilfsmittel und zum Weg werden. Spülen und Telefonieren ebenso wie Fernsehen, der Weg zum Büro oder zum Supermarkt durch die Straßen der Stadt ebenso wie der morgendliche Spaziergang, der den Geruch frischgemähten Grases spüren läßt. Judith Bossert und Adelheid Meutes-Wilsing haben die zentralen und schönsten Texte zusammengestellt. Sie zeigen: diesen Weg im Alltag zu gehen, bewußt und in kleinen Schritten, verändert das Leben und bringt inneren Frieden. Ein praktisches Buch, das eine Brücke baut zwischen Körper und Seele. Ein leises Buch, das das Lächeln lehrt. Ein Buch, das zum Begleiter – und zum Freund werden kann.

Der Autor

Thích Nhât Hanh, vietnamesischer buddhistischer Mönch, Zen-Meister, Dichter, Friedensaktivist. Bei Herder Spektrum u. a. Schlüssel zum Zen; Lächle deinem eigenen Herzen zu; Schritte der Achtsamkeit; Das Herz von Buddhas Lehre. Leiden verwandeln – die Praxis des glücklichen Lebens; Jesus und Buddha – ein Dialog der Liebe; Das Herz des Kosmos. Die Weisheit des Lotus-Sutra.

Die Herausgeberinnen

Judith Bossert und Adelheid Meutes-Wilsing leiten das ZEN-Laienkloster ZENKLAUSEN in der EIFEL.

Thich Nhat Hanh

Zeiten der Achtsamkeit

Herausgegeben
von Judith Bossert
und Adelheid Meutes-Wilsing

HERDER

FREIBURG · BASEL · WIEN

Gedruckt auf umweltfreundlichem,
chlorfrei gebleichtem Papier

Jubiläumsausgabe 2007

Herstellung: fgb · freiburger graphische betriebe 2007
www.fgb.de
Umschlaggestaltung und Konzeption:
R·M·E München/Roland Eschlbeck, Liana Tuchel
Umschlagfoto: © Bernd Schoenberger
ISBN 978-3-451-05922-3

INHALT

EINFÜHRUNG

Barfuß
im morgendlichen Tau
tasten sich meine Füße
langsam einen Weg
durch die frischgeschnittene Wiese.
Die Stille des Augenblicks
erfüllt das All.

Wenn der Geruch des frischgeschnittenen Grases in den aufgewachten Geist dringt, dann geschieht etwas, was uns die morgendliche Zeit der Achtsamkeit in einem besonderen Maß spüren läßt. Aber ‚Zeiten der Achtsamkeit' sind keine herausgehobenen, außerordentlichen Momente. Alle Zeiten des Tages können dazu werden: jeder Augenblick, in dem wir ein- und ausatmen.

In diesem Buch haben wir praktische Beispiele aus fünf verschiedenen Büchern von Thích Nhât Hanh zusammengestellt. Dem Leser geben sie etwas ganz Praktisches in die Hände: eine Anleitung für seine eigenen, persönlichen täglichen Zeiten der Achtsamkeit. Es gibt keine alltäglichen Handlungen und Begebenheiten, die nicht Hilfsmittel zur Achtsamkeit werden können. Alle Übungen, die hier vorgestellt werden, sind so einfach und so klar erläutert, daß es keinem schwerfallen wird, sie für sich selber nachzuvollziehen.

Thích Nhât Hanh ist nicht nur ein weltbekannter Meditationsmeister. Er ist auch ein vietnamesischer Dichter. Als Poet hat er für die verschiedenen Zeiten und Formen der Meditation Verse gefunden, die bei der täglichen Übung hilfreich und unterstützend wirken. Wir haben davon einige ausgewählt.

Dieses Buch zeigt: Nhât Hanh, der buddhistische Zenmeister, der aus einer alten Kultur kommt, ist auch für heutige Menschen des Westens ein großartiger Meditationslehrer. ‚Zeiten der Achtsamkeit' sind etwas allgemein Menschliches und nicht auf eine bestimmte Konfession beschränkt. Ebensowenig sind sie nur in einem Leben im Kloster möglich, sei es ein christliches oder buddhistisches.

‚Zeiten der Achtsamkeit' – das sind Zeiten, in denen ganz alltägliche Dinge passieren: Spülen, Telefonieren und Fernsehen. Der Weg zum Büro oder zum Supermarkt kann ein Weg der Achtsamkeit werden.

Nhât Hanh erzählt nicht nur in seinen Büchern von seiner Erfahrung auf dem Pfad der Achtsamkeit. Er hält auch auf vielen Reisen Vorträge und Retreats, Reisen, die ihn durch die ganze Welt führen, nach Rußland ebenso wie nach China oder in die USA. Auch Reisen durch Deutschland gehören immer wieder zu seinem Programm.

Wer Nhât Hanh aber über einen längeren Zeitraum hinweg, z.B. einen Monat, hören möchte, kann selber eine Reise zum Sommer- oder Winterretreat nach Süd-Frankreich (100 km östlich von Bordeaux) unternehmen. Dort, in Plumvillage, ist ein großes Zentrum mit mehreren Meditationshallen und vielen, vielen Pflaumenbäumen. Menschen aus der ganzen Welt, Familien mit Kindern, buddhistische Mönche und Nonnen üben hier unter der Anleitung von Nhât Hanh die Achtsamkeit im täglichen Tun.

Thích Nhât Hanh ist sehr engagiert in der Friedensarbeit für sein Volk. Er unterstützt in Vietnam, in seinem durch den Krieg so sehr und noch immer geschundenen Vaterland, zum Beispiel Krankenstationen, Kindergärten und Schulen. Die grausamen Folgen des Krieges sind auch heute noch auf Schritt und Tritt zu erkennen. In den Körpern der Kinder und im Geist der Älteren sieht man sie deutlich.

Achtsamkeit und soziales Engagement gehen für Nhât Hanh nicht nur zusammen. Sie gehören auch wesentlich zueinander. In Deutschland hat Karl Schmied (der Mitglied des Tiêp Hiên Ordens von Thích Nhât Hanh ist) in München und Fischbachau eine „Gemeinschaft für achtsames Leben" gegründet, die sich über einen ebenfalls von Karl Schmied gegründeten Hilfsfonds der Unterstützung leidender Menschen – vor allem Kindern, alten Leuten und Leprakranken – in Vietnam widmet.

Achtsames Leben bedeutet, das persönliche Leben bewußt wahrzunehmen. Aber das heißt keineswegs Rückzug ins Private. Im Gegenteil: Gerade in solcher Aufmerksamkeit erfahren und erkennen wir, daß das Geschehen der ganzen Welt in uns seinen Ausdruck findet.

Daß Sie Ihre eigene Zeit für eine solche ungeteilte Achtsamkeit finden, das wünschen Ihnen die Herausgeberinnen dieses Buches.

Judith Bossert und Adelheid Meutes-Wilsing
ZENKLAUSEN in der EIFEL, Lautzerath, 1996

KLAR WIE EIN STILLER FLUSS

ACHTSAM WERDEN IM ALLTAG

Unser Geist kann in 10000 Richtungen gehen. Aber bei der Gehmeditation erfährt er, wie bei jedem Schritt eine sanfte Brise weht und ein Strom ruhiger Energie durch ihn fließt.

Begleiten wir mit Thích Nhât Hanh die Tätigkeiten des alltäglichen Lebens. Wir atmen ein und entspannen den Körper. Wir atmen aus und lächeln …

Wenn wir das Essen bereiten, wenn wir uns zu Tisch setzen und die Einheit unserer Mahlzeit mit dem ganzen Universum erkennen, wenn der gefüllte Teller alles Leben ermöglicht – wieviel Leid und Mühe er auch brachte, den Reisbauern im fernen Land und den Bananenpflükkern und den Kaffee-Erntern – wir nehmen uns vor, mit jedem Bissen das Leid dieser Menschen zu mildern.

Eine Tasse Tee nach dem Essen in unseren Händen zu halten, läßt uns mit Körper und Geist in das vollkommene Hier und Jetzt hineingehen …

Anschließend lehrt uns das Geschirrspülen den Geist des Alltags als Geist des Buddha zu erkennen.

Für alle Tätigkeiten im Alltag bis hin zum Fernsehen und zum Einschalten des Lichts gibt uns Nhât Hanh einen Hinweis, der uns als Begleiter zur Achtsamkeit bei unserem Tun unterstützen und führen kann.

Vielleicht wollen Sie Ihre Zeiten der Achtsamkeit durch die folgende Texte einleiten und vertiefen.

DAS BAD PUTZEN

Wie wunderbar es ist, zu putzen
und sauberzumachen.
Tag für Tag werden Herz und Geist klarer.

Die meisten von uns putzen nicht gerne das Badezimmer. Aber wenn wir in vollkommenem Bewußtsein des gegenwärtigen Augenblicks arbeiten, werden wir in jedem Tun Reinheit entdecken. Reinigen heißt, klarer und ruhiger zu werden. Beim Putzen des Badezimmers klären und reinigen wir unsere Umgebung und uns selbst.

In vielen Meditationszentren steht in jedem Badezimmer eine Vase mit frischen Blumen. Zur Übung der Achtsamkeit ist das Badezimmer ebenso bedeutsam wie die Meditationshalle. Das Badezimmer ist in Wahrheit eine weitere Meditationshalle, und deshalb stellen wir dort eine Vase mit Blumen auf. Geschickt und liebevoll arrangierte Blumen erinnern uns daran, unser Leben so zu gestalten, daß wir unser Herz und unseren Geist klären und beruhigen. Ich hoffe, daß der Leser auch bei sich zu Hause im Badezimmer eine Vase mit frischen Blumen aufstellt.

ZUM ACHTSAMEN ESSEN

Vor ein paar Jahren fragte ich ein paar Kinder: „Warum frühstücken wir eigentlich?" Ein Junge antwortete: „Damit wir Energie für den Tag bekommen." Ein anderer sagte: „Wir frühstücken, weil wir frühstücken." Ich glaube, daß der zweite Junge die richtige Antwort gefunden hat. Der Sinn des Essens besteht im Essen.

Bewußt und achtsam eine Mahlzeit zu sich nehmen ist eine sehr wichtige Übung. Wir schalten den Fernseher aus, legen die Zeitung beiseite und arbeiten gemeinsam fünf oder zehn Minuten, indem wir den Tisch dekken und alles erledigen, was noch getan werden muß. Diese wenigen Minuten können uns sehr glücklich machen. Wenn das Essen auf dem Tisch steht und jeder sich hingesetzt hat (erinnern wir uns an die Gatha für das Sitzen), machen wir drei Mal folgende Atemübung: „Ich atme ein und entspanne meinen Körper. Ich atme aus und lächle." Diese kurze Atemübung kann uns wieder vollkommen ins Gleichgewicht bringen.

Beim Ein- und Ausatmen schauen wir jeden an, der mit uns am Tisch sitzt, damit wir zu uns selbst und allen anderen am Tisch Verbindung aufnehmen. Wir brauchen nicht unbedingt zwei Stunden Zeit, um einen anderen Menschen wahrzunehmen. Wenn wir wirklich in uns selbst ruhen, reichen ein paar Sekunden aus, um unserem Freund wahrhaftig zu begegnen. Eine fünfköpfige Familie braucht nur ungefähr fünf oder zehn Sekunden, um dieses „Anschauen und Wahrnehmen" zu üben.

Nach dieser Atemübung lächeln wir uns alle an. Wir sitzen zusammen mit anderen Menschen an einem Tisch und haben daher die Gelegenheit, ein aufrichtiges Lächeln der Freundschaft und des Verständnisses anzubieten. Eigentlich ist das sehr einfach, aber nur wenige tun es. Für mich ist dies aber die wichtigste Übung des Tages. Wir schauen jeden Menschen an und lächeln. Atmen und Lächeln sind beides sehr wichtige Übungen. Es ist etwas sehr Gefährliches, wenn die Mitglieder einer Familie sich nicht mehr anlächeln können.

Nach der Atemübung und dem Lächeln betrachten wir die Mahlzeit, die vor uns auf dem Tisch steht und machen uns erst einmal das Essen bewußt. Dieses Essen offenbart uns unsere Verbindung mit der Erde. Jeder Bissen enthält das Leben der Sonne und der Erde. Wie sehr das Essen sich uns offenbart, hängt ganz von uns selbst ab. Wir können das ganze Universum in einem einzigen Stückchen Brot sehen und schmecken! Bevor wir also anfangen zu essen, denken wir ein paar Sekunden über unsere Mahlzeit nach. Dann essen wir achtsam und bewußt und können dabei tiefes Glück empfinden.

Zusammen mit unserer Familie und unseren Freunden an einem Tisch zu sitzen und eine leckere Mahlzeit zu genießen, ist etwas sehr Wertvolles. Nicht jeder von uns hat dazu Gelegenheit. Viele Menschen auf der Erde müssen hungern. Wenn ich eine Schale Reis oder ein Stück Brot in der Hand halte, weiß ich, daß ich mich ganz besonders glücklich schätzen kann, und ich spüre ein tiefes Mitgefühl für alle, die nichts zu essen haben und die weder mit Freunden noch mit ihrer Familie zusammensein können. Das ist eine sehr intensive Übung, für die wir nicht in einen Tempel oder in eine Kirche zu gehen brauchen. Wir können direkt an unserem Mittagstisch üben. Durch achtsames Essen entwickeln wir Mitgefühl und Verständnis für andere Menschen, was uns wiederum die Stärke geben wird, etwas zu unternehmen, damit hungrige und einsame Menschen ernährt werden.

Um unsere Achtsamkeit während einer Mahlzeit zu verstärken, sollten wir von Zeit zu Zeit einmal schweigend essen. Bei unserer ersten stillen Mahlzeit fühlen wir uns vielleicht ein wenig unbehaglich, aber wenn wir uns daran gewöhnt haben, werden wir erkennen, daß wir viel ruhiger und glücklicher sind, wenn wir während des

Essens nicht sprechen. Das ist vergleichbar mit dem Abschalten des Fernsehgeräts vor dem Essen. Wir stellen das Gespräch einfach ab, damit wir die Mahlzeit und die Anwesenheit anderer Menschen am Tisch genießen können.

Wir sollten allerdings nicht jeden Tag schweigend essen. Ein gemeinsames Gespräch gibt uns nämlich die Möglichkeit, miteinander in Verbindung zu sein. Aber wir müssen zwischen den verschiedenen Arten von Gesprächen unterscheiden. Manche Gesprächsthemen können uns trennen, z. B. wenn wir über die Fehler und Schwächen anderer Menschen sprechen. Unser sorgfältig zubereitetes Essen verliert seinen Wert, wenn wir zulassen, daß diese Art von Gespräch am Tisch vorherrscht. Wir sollten stattdessen über Dinge sprechen, die unserem Bewußtsein über das Essen und unserem Zusammensein förderlich ist. Erst dann entwickeln wir ein Gefühl des Glücks, das notwendig ist, damit wir wachsen. Verglichen mit der Erfahrung, über die Fehler anderer Menschen zu sprechen, glaube ich, daß das Bewußtsein über ein Stück Brot in unserem Mund eine viel reichere Erfahrung ist. Sie belebt uns und macht uns das Leben bewußt.

Ich schlage vor, daß wir während des Essens keine Themen diskutieren, die unser Gewahrsein des Essens und der Familie zerstören. Aber wir sollten jederzeit alles sagen, was unser Bewußtsein und unser Glück fördert. Wenn beispielsweise unser Lieblingsgericht auf dem Tisch steht, können wir fragen, ob die anderen am Tisch das Gericht auch gerne essen. Vielleicht sitzt jemand am Tisch, dem das Essen nicht schmeckt. Dann können wir ihm oder ihr helfen, dieses wunderbare Essen, das mit soviel Liebe zubereitet worden ist, schätzen zu lernen. Viele von uns denken ja während einer Mahlzeit oft an etwas anderes als an das gute Essen auf dem Tisch, beispielsweise an Probleme im Büro oder mit Freunden. Das bedeutet, daß wir den gegenwärtigen Augenblick und auch das Essen nicht wahrgenommen haben. Dann könnten wir sagen: „Dieses Gericht schmeckt wunderbar, nicht wahr?" Mit diesem einfachen Satz führen wir den anderen von seinen Gedanken und seinen Sorgen weg und bringen ihn ins Hier und Jetzt zurück, wo er das Zusammensein und das leckere Essen genießen kann. Dann werden wir zum Bodhisattva, weil wir jemandem geholfen haben, auf dem Weg der Erleuchtung ein Stück voranzukommen. Kinder haben ja eine ganz besondere Gabe, Achtsamkeit zu praktizieren und andere daran zu erinnern, dasselbe zu tun.

Die folgenden Verse können uns helfen, während des Essens Achtsamkeit zu üben.

DEN LEEREN TELLER BETRACHTEN

Mein Teller ist jetzt leer,
bald wird er gefüllt werden
mit wertvollem Essen.

Ich bin mir bewußt, daß viele Menschen auf dieser Welt auf einen leeren Teller schauen und wissen, daß ihr Teller auch in der folgenden Zeit leer bleiben wird. Ich bin dankbar, daß ich etwas zu essen habe, und ich will Mittel und Wege finden, um den Hungernden auf der Welt zu helfen.

DAS ESSEN AUSTEILEN

In diesem Essen
erkenne ich klar,
wie das gesamte Universum
mein Leben ermöglicht.

Diese Verse helfen uns, das Prinzip der abhängigen Existenz zu erkennen, weil unser Leben und das Leben aller anderen Arten auf der Erde miteinander verknüpft und voneinander abhängig sind.

NACHDENKEN ÜBER DAS ESSEN

Dieses Essen auf dem Teller,
das so köstlich und appetitanregend duftet,
erhält auch sehr viel Leid.

Diese Gatha geht auf ein vietnamesisches Volkslied zurück. Wenn wir auf unseren Teller sehen, der gefüllt ist mit köstlichem, appetitanregendem Essen, sollten wir uns den bitteren Schmerz der Menschen bewußt machen, die hungern müssen. Jeden Tag sterben mehr als 40000 Kinder an Hunger und Unterernährung. Jeden Tag! So eine große Zahl wirkt auf uns jedesmal entsetzlich. Wir schauen auf unseren Teller und „sehen" unsere Mutter Erde, die Bauern und das erschütternde Schicksal derjenigen, die an Hunger und Unterernährung leiden.

Die Menschen in Nordamerika und in Europa sind daran gewöhnt, Getreide und andere Lebensmittel zu essen, die aus Ländern der Dritten Welt importiert werden, wie beispielsweise Kaffee aus Kolumbien, Kakao aus Ghana oder duftender Reis aus Thailand. Wir müssen uns klar machen, daß die Kinder in jenen Ländern, mit Ausnahme derer aus reichen Familien, solche Produkte niemals zu sehen bekommen. Sie müssen sich von minderwertigem Essen ernähren, denn die Lebensmittel höherer Qualität sind für den Export bestimmt, damit ausländische Währung eingebracht werden kann. Viele Eltern haben nicht einmal genügend Mittel, um ihre Kinder zu ernähren. Deshalb müssen sie sie sogar als Dienstboten an Familien verkaufen, die genug zu essen haben.

Vor unseren Mahlzeiten legen wir voller Achtsamkeit unsere Handflächen zusammen und denken an die Kinder, die nicht genug zu essen haben. Langsam und bedacht atmen wir drei Mal tief ein und sprechen diese Gatha. Es wird uns helfen, unsere Achtsamkeit zu bewahren. Vielleicht können wir eines Tages ein einfacheres Leben führen, damit wir mehr Zeit und Energie haben, uns für eine Veränderung des Unrechtssystems einzusetzen, das in der Welt herrscht.

ANFANGEN ZU ESSEN

Mit dem ersten Bissen gelobe ich, Freude darzubringen.
Mit dem zweiten gelobe ich zu helfen, das Leid
anderer Menschen zu mildern.
Mit dem dritten gelobe ich, das Glück anderer
Menschen
als mein eigenes anzusehen.
Mit dem vierten gelobe ich, den Weg des
Nichtverhaftetseins und der Gelassenheit zu
beschreiten.

Dieses Gedicht erinnert uns an die Vierfache Unermeßlichkeit (Sanskr. *Brahmaviharas*) – wohlwollende Güte, Mitgefühl, mitfühlende Freude und Nichtverhaftetsein –, die auch als die Wohnstätten der Buddhas und Bodhisattvas bezeichnet werden. Während wir den ersten Bissen zu uns nehmen, bringen wir unsere Dankbarkeit zum Ausdruck, indem wir das Versprechen geben, wenigstens einem einzigen Menschen auf der Welt Glück zu bringen. Mit dem zweiten Bissen geloben wir, den Schmerz mindestens einer Person zu lindern. Nach dem vierten Bissen nehmen wir Verbindung auf mit dem Essen und seiner eigentlichen Natur.

DIE MAHLZEIT BEENDEN

Mein Teller ist leer.
Mein Hunger ist gestillt.
Ich gelobe, zum Nutzen aller Wesen zu leben.

Diese Verse erinnern uns an die Vierfache Dankbarkeit – den Eltern, Lehrern, Freunden und allen organischen und nichtorganischen Arten gegenüber, die unser Leben unterstützen und bereichern.

GESCHIRR SPÜLEN

Geschirr spülen
ist wie einen kleinen Buddha baden.
Das Profane ist das Heilige.
Der Geist des Alltags ist der Geist Buddhas.

Für mich kann der Gedanke, Geschirrspülen sei etwas Unangenehmes, nur dann auftauchen, wenn ich es nicht tue. Wenn wir erst einmal vor der Spüle stehen, die Ärmel hochgekrempelt haben und die Hände im warmen Wasser sind, ist es wirklich gar nicht so schlimm. Gerne nehme ich mir Zeit für jeden Teller, mache mir den Teller, das Wasser und jede Bewegung meiner Hände ganz bewußt. Ich weiß: wenn ich mich beeile, damit ich aus der Küche gehen und meinen Nachtisch essen kann, dann erscheint mir die Zeit in der Küche sehr unangenehm und nicht lebenswert. Das wäre aber sehr bedauerlich, denn jede Sekunde des Lebens ist ein Wunder. Die Teller und die Tatsache, daß ich hier stehe und sie abwasche, sind wahre Wunder!

Jeder bewußte Gedanke und jede bewußte Handlung werden zu etwas Heiligem. Angesichts dessen gibt es keine Grenzen zwischen dem Heiligen und dem Profanen. Wir brauchen vielleicht ein wenig länger, um das ganze Geschirr abzuwaschen, aber dafür können wir jede Sekunde unserer Tätigkeit vollständig und glücklich leben. Geschirrspülen ist Mittel und Zweck zugleich – das bedeutet, wir spülen das Geschirr nicht nur, damit wir anschließend saubere Teller haben, sondern wir spülen das Geschirr einfach nur, um das Geschirr zu spülen und erleben währenddessen jeden Augenblick voll und ganz.

Wenn ich nicht in der Lage bin, fröhlich das Geschirr zu spülen, sondern so schnell wie möglich damit fertig werden will, damit ich aus der Küche herauskommen und meinen Nachtisch und meine Tasse Tee zu mir nehmen kann, so werde ich gleichermaßen auch nicht in der Lage sein, alle diese Dinge voller Freude zu genießen. Mit der Tasse in der Hand denke ich dann darüber nach, was ich als nächstes tun muß, und der Duft und der Geschmack des Tees zusammen mit dem Vergnügen, ihn zu trinken, sind einfach verschwunden. Ich fühle mich dann ständig in die Zukunft gezogen und kann niemals wirklich in der Gegenwart leben. Die Zeit des Geschirrspülens ist genau so wichtig wie die Zeit der Meditation. Deshalb nennen wir den Geist des Alltags den Geist Buddhas.

TEE TRINKEN

Diese Tasse Tee in meinen Händen –
meine Achtsamkeit ist aufrechterhalten!
Mein Geist und mein Körper haben sich
vollkommen im Hier und Jetzt niedergelassen.

Ob wir uns in einer meditativen Teezeremonie befinden oder alleine zu Hause oder in einem Café eine Tasse Tee trinken – es ist einfach etwas Wunderbares, sich genügend Zeit zu nehmen, den Tee zu genießen. Wenn es draußen kalt ist, können wir die Wärme der Tasse in unseren Händen spüren. In Cafés werden wir sehr häufig abgelenkt – durch Musik, Gespräche und unsere eigenen Gedanken. In einer solchen Umgebung ist eine Tasse Tee kein echtes Erlebnis.

Wir könnten einmal eine Teemeditation organisieren, damit wir die Kunst des Teetrinkens in Achtsamkeit lernen. Wir halten eine Tasse Tee in beiden Händen, atmen ganz bewußt und sprechen die obige Gatha. Wir atmen ein und sprechen die erste Zeile. Beim Ausatmen sprechen wir die zweite Zeile. Dann atmen wir wieder ein und sprechen die dritte Zeile und beim Ausatmen die vierte Zeile. Auf diese Weise atmen wir besonders achtsam, erholen uns dabei, und die Tasse Tee gewinnt eine ganz besondere Bedeutung. Wenn wir nicht achtsam sind, dann nehmen wir nicht den Tee zu uns, sondern unsere eigenen Illusionen und Sorgen.

Unser Körper und unser Geist sind im Alltag sehr häufig nicht im Einklang. Manchmal ist unser Körper anwesend, aber unser Geist hat sich irgendwo in der Vergangenheit oder in der Zukunft verirrt. Möglicherweise sind wir voller Wut, Haß, Eifersucht oder Angst. Buddha lehrt uns, wie wir achtsam und bewußt atmen können, um Geist und Körper miteinander in Einklang zu bringen, sie wieder eins werden zu lassen. Das ist gemeint, wenn wir von „Einssein des Körpers und des Geistes" sprechen.

Erst wenn wir Geist und Körper miteinander vereint haben und vollkommen achtsam und bewußt sind, sind wir wir selbst und können dem Tee begegnen. Wenn der Tee Wirklichkeit wird, werden auch wir Wirklichkeit. Leben geschieht genau in dem Augenblick, in dem wir dem Tee wahrhaftig begegnen. Wir trinken den Tee und sind uns vollkommen bewußt, daß wir den Tee trinken. Das Teetrinken wird in diesem Augenblick zur wichtigsten Sache des Lebens. Das ist die Übung der Achtsamkeit.

GARTENARBEIT

Die Erde bringt uns Leben,
und sie ernährt uns.
Die Erde nimmt uns wieder zu sich.
Geburt und Tod sind in jedem Augenblick gegenwärtig.

Die Erde ist unsere Mutter. Alles Leben entsteht aus ihr und wird von ihr genährt. Jeder von uns ist ein Kind der Erde, und eines Tages wird uns die Erde wieder zu sich holen. In Wirklichkeit aber werden wir immer wieder ins Leben gebracht und kehren wieder zum Schoß der Erde zurück. Wir, die wir Meditation ausüben, sollten in der Lage sein, in jedem Atemzug Geburt und Tod gleichzeitig zu sehen.

Gartenarbeit ist eine wundervolle, erholsame Tätigkeit. Wenn wir in der Stadt leben, haben wir vielleicht nicht sehr häufig Gelegenheit, Boden zu beackern, Gemüse zu setzen oder uns um Blumen zu kümmern. Das ist sehr bedauerlich. Mit der Mutter Erde verbunden zu sein ist ein wunderbarer Weg, unsere geistige Gesundheit zu erhalten.

BÄUME UND ANDERE GEWÄCHSE ANPFLANZEN

Ich vertraue mich der Erde an;
Die Erde vertraut sich mir an.
Ich vertraue mich Buddha an;
Buddha vertraut sich mir an.

Einen Samen oder einen Setzling zu pflanzen bedeutet, ihn der Erde anzuvertrauen. Die Pflanze nimmt zur Erde Zuflucht. Ob die Pflanze gedeiht oder nicht, hängt von der Erde ab. Viele Generationen unserer Vegetation konnten unter dem Sonnenlicht prächtig gedeihen und haben einen fruchtbaren Ackerboden geschaffen. Dieser Ackerboden wird weiterhin zukünftige Generationen der Vegetation ernähren. Ob die Erde schön, frisch und grün ist oder verdorrt und ausgetrocknet, hängt von den Pflanzen ab, die der Erde anvertraut werden. Das Leben der Pflanzen und der Erde hängen notwendig voneinander ab.

Wenn wir uns Buddha anvertrauen, nehmen wir Zuflucht zum Kern der Nahrung, dem Boden der erleuchteten Einsicht, der Liebe und des Mitgefühls. Und Buddha vertraut sich wiederum uns an, denn erleuchtete Einsicht, Liebe und Mitgefühl brauchen jeden von uns, um keimen und erblühen zu können. Wie können diese Eigenschaften in der Welt weiter blühen, wenn wir sie nicht in uns selbst verwirklichen? „Ich vertraue mich Buddha an" – das denken wir normalerweise, aber wir sollten auch erkennen, daß Buddha sich uns anvertraut, um in uns lebendig zu werden, so wie die Erde und die grünen Pflanzen einander anvertrauen.

DEN GARTEN BEWÄSSERN

Wasser und Sonne
lassen diese Pflanzen ergrünen.
Wenn der Regen des Mitgefühls fällt,
verwandelt sich selbst eine Wüste
in einen riesigen grünen Ozean.

Wasser ist der Balsam, die Nahrung des Mitgefühls, das die Fähigkeit besitzt, uns ins Leben zurückzurufen. Der Bodhisattva des Mitgefühls wird häufig so dargestellt, wie er eine Schale Wasser in der linken Hand und einen Weidenzweig in der rechten hält. Er besprengt uns mit seinem liebevollen Mitgefühl, das wie Tropfen eines nährenden Balsams ist, um unsere müden Herzen und unseren vom Leid geschwächten Geist wiederzubeleben. Ohne Regen können wir nichts ernten, er beschützt Menschen vor dem Hunger. Beim Bewässern des Gartens fällt der mitfühlende Regen auf die Pflanzen. Unsere Achtung und Dankbarkeit für dieses Geschenk des Wassers hilft uns, uns selbst zu heilen und eine Wüste in einen riesigen grünen Ozean zu verwandeln.

Wenn wir den Pflanzen Wasser geben, bewässern wir

gleichzeitig die ganze Erde. Beim Gießen der Pflanzen sprechen wir zu ihnen und damit auch zu uns selbst. Wir existieren in Beziehung zu allen anderen Erscheinungen. Beim Gießen der Pflanzen sprechen wir zu ihnen:

Liebe Pflanze, du bist nicht allein.
Dieser Strom Wasser kommt aus der Erde und
dem Himmel.
Wir sind unzählige Leben lang zusammen.

Das Gefühl der Entfremdung bei so vielen Menschen heutzutage ist entstanden, weil ihnen nicht bewußt ist, daß alles miteinander verbunden ist, daß zwischen allen Erscheinungen ein Zusammenhang besteht. Wir können uns nicht von der Gesellschaft oder etwas anderem trennen. „Dies ist so, weil jenes so ist" ist ein Satz aus den Sutras, der das Prinzip des allumfassenden Zusammenhangs beschreibt. Pflanzen gießen und dabei Mitgefühl und Zusammengehörigkeit zu erleben ist eine wunderbare Meditationsübung.

EINE BLUME PFLÜCKEN

Darf ich dich pflücken, kleine Blume,
Geschenk der Erde und des Himmels?
Ich danke dir, lieber Bodhisattva,
weil du mein Leben verschönerst.

Immer wenn wir eine Blume pflücken, bitten wir nicht nur die Pflanze, sondern auch die Erde und den Himmel um Erlaubnis. Die ganze Erde und der Himmel taten sich zusammen, um diese Blume zu erschaffen. Unsere Dankbarkeit ihnen gegenüber muß aufrichtig empfunden sein. Eine Blume ist ein Bodhisattva, der das Leben erfrischt und verschönert. Auch wir können andere Menschen beschenken, indem wir erfrischend, mitfühlend und glücklich sind.

Im Zen gibt es eine bekannte Geschichte: Eines Tages hielt Buddha vor einer Versammlung von 1250 Mönchen und Nonnen eine Blume hoch. Lange Zeit sagte er kein einziges Wort. Ein Mann im Publikum namens Mahakashyapa lächelte ihn und die Blume an. Buddha lächelte zurück und sagte: „Ich habe einen Schatz der Erkenntnis, und ich habe ihn Mahakashyapa übermittelt." Für mich ist die Bedeutung der Geschichte recht einfach: Wir müssen im gegenwärtigen Augenblick mit dem Leben in Verbindung sein und tief in alle Dinge hineinsehen, die im gegenwärtigen Augenblick geschehen. Der Mann, der an nichts gedacht hatte, der einfach nur er selbst war, hatte eine intensive Begegnung mit der Blume und lächelte.

BLUMEN ARRANGIEREN

Ich arrangiere diese Blumen
in der Welt der Saha.
Der Boden meines Geistes
ist rein und still.

In der buddhistischen Mythologie spricht man vom Planet Erde als der Welt der *Saha,* des „Bodens", auf dem wir Härten, Krankheiten, Haß, Ignoranz und Krieg erleiden müssen. *Saha* bedeutet „bewegen" und „ertragen". Wenn wir die Lehre Buddhas umsetzen, verändern wir uns selbst und schaffen hier auf dieser Welt ein schönes Reines Land voller zauberhafter Wunder.

Mit dem Arrangieren von Blumen können wir unser Leben verschönern. Wir sind dabei ganz achtsam, und deshalb sehen nicht nur die Blumen schön aus, sondern auch wir selbst. Wenn der Garten unseres Herzens ruhig und heiter ist und die Blumen unseres Herzens uns den Weg leuchten, werden die Menschen um uns herum die Schönheit des Lebens sehen und erkennen, wie wunderbar und wertvoll es ist, am Leben zu sein.

GEMÜSE PUTZEN

In diesem frischen Gemüse
sehe ich eine grüne Sonne.
Alle Dharmas verbinden sich,
um gemeinsam Leben zu ermöglichen.

In Wirklichkeit ist nicht das Gemüse grün, sondern die Sonne, denn die grüne Farbe der Blätter des Gemüses entsteht durch die Sonneneinstrahlung. Ohne Sonne könnte keine der lebenden Arten überleben. Die Blätter absorbieren das Sonnenlicht, das auf ihre Oberfläche fällt. So speichern die Blätter die Sonnenenergie und gewinnen dabei den Kohlenstoff aus der Atmosphäre, der die für die Pflanze notwendigen Nährstoffe liefert.

Wenn wir also frisches Gemüse betrachten, sehen wir die Sonne in ihnen – eine grüne Sonne –, und nicht nur die Sonne, sondern auch Tausende anderer Erscheinungen. Gäbe es beispielsweise keine Wolken, hätten wir kein Regenwasser. Ohne Wasser, Luft und Boden würde kein Gemüse wachsen. Das Gemüse ist das Zusammentreffen sämtlicher vorhandener Bedingungen.

In der obigen Gatha steht das Wort „Dharma" für alle Erscheinungen. Im Alltag sind wir ständig mit allen möglichen Erscheinungen in Berührung und können deshalb bei jeder Gelegenheit, nicht nur beim Gemüseputzen, über Ursprung und Entstehung meditieren. Das Wort *Pratitya-samutpada* aus dem Sanskrit, das oft mit „wechselseitig abhängigem Ursprung" übersetzt wird, bedeutet, daß alle Erscheinungen in Beziehung zu allen anderen Dingen existieren. Alles Dharma verbindet sich miteinander und ermöglicht Leben.

DEN ABFALL WEGWERFEN

Im Abfall sehe ich eine Rose.
In der Rose sehe ich den Abfall.
Alles ist in Verwandlung.
Selbst die Beständigkeit ist unbeständig.

Abfall kann zuweilen furchtbar stinken, insbesondere verwesender organischer Abfall. Aber er kann auch in wertvollen Kompost umgewandelt werden, mit dem wir den Garten düngen. Die duftende Rose und der stinkende Abfall sind zwei Aspekte derselben Existenz. Ohne das eine kann das andere nicht sein. Alles ist in Verwandlung. Die Rose, die nach einer Woche verdorrt ist, wird zu einem Teil des Abfalls. Aber nach sechs Monaten wird der Abfall wiederum verwandelt in eine Rose. Unter Unbeständigkeit verstehen wir, daß alles im Fluß ist, daß sich alles verwandelt. Dieses wird zu jenem und jenes wird zu diesem.

Wenn wir etwas tief anschauen, können wir alle anderen Dinge darin sehen. Veränderungen werden in uns keinerlei Verwirrung auslösen, wenn wir erkennen, daß alles miteinander in Beziehung steht und Kontinuität hat. Das bedeutet nicht, daß das Leben eines einzelnen ewig ist, sondern das Leben selbst ist etwas Fortdauerndes. Wenn wir uns mit dem Leben identifizieren und über die Grenzen einer getrennten Identität hinausgehen, werden wir in der Lage sein, Beständigkeit in der Unbeständigkeit zu sehen, oder die Rose im Abfall.

DIE WUT ANLÄCHELN

Ich atme ein und weiß, daß Wut mich häßlich macht.
Ich atme aus und will nicht verzerrt werden durch Wut.
Ich atme ein und weiß,
daß ich mich um mich selbst kümmern muß.
Ich atme aus und weiß,
daß wohlwollende Güte die einzige Antwort ist.

Wenn wir wütend sind, sollten wir zu unserem bewußten Atmen zurückkehren und den Menschen, den wir für die Ursache unseres Unglücklichseins halten, weder anschauen noch ihm zuhören. Wir brauchen gar nichts zu tun oder zu sagen. Wir kehren einfach zu unserem Atem zurück und atmen gemäß der Gatha. So können wir uns dessen bewußt werden, daß nicht unser Gegenüber die Ursache unseres Leidens ist, sondern unsere eigene Wut.

Wir nehmen den ersten tiefen Atemzug und sprechen die erste Zeile der Gatha. Das ist so, als ob wir uns in einem Spiegel betrachten würden. Wir sehen uns selbst ganz klar und deutlich und wissen, was wir zu tun oder nicht zu tun haben. Das anschließende Ausatmen bewirkt dasselbe. Wenn wir voller Wut sind, neigen wir dazu, den anderen Menschen für die Ursache unseres Leidens zu halten. Wir sehen in ihm oder ihr das Böse: „Es ist grausam." „Sie unterdrückt mich." „Er will mich kaputtmachen." Aber in Wirklichkeit ist es unsere Wut, die uns zerstört.

Deshalb sollten wir uns besonders gut um unsere Wut kümmern. Wenn ein Haus in Brand gerät, müssen wir zuerst in das Haus hineingehen und versuchen, das Feuer zu löschen. Wir sollten nicht als erstes nach dem möglichen Brandstifter suchen. Das wird ausgedrückt durch die Einatmung, die zusammen mit der dritten Zeile der Gatha geschieht. Beim erneuten Ausatmen sprechen wir die letzte Zeile. Nur mit Wohlwollen und Güte im Herzen können wir uns unserer Wut und des anderen Menschen annehmen.

Durch Meditation lernen wir, daß Verständnis und Toleranz der Kern der Liebe und des Vergebens ist. Ein Mensch, der nicht glücklich ist, wird wahrscheinlich Dinge tun oder sagen, die andere Menschen unglücklich machen. Wenn wir uns mit dem Nektar des Mitgefühls erfrischt haben, spüren wir eine Quelle des Wohlbefindens in unserem Inneren. Dieses Glücklichsein wird anderen Menschen zugutekommen. Der Mensch, den wir verachten, braucht unsere Liebe, nicht unseren Haß, denn er oder sie ist zutiefst unglücklich.

Beim Rezitieren der letzten Zeile der Gatha bemühen wir uns, ein wenig zu lächeln. Dieses Lächeln wird unser Gesicht entspannen. Dann können wir die Tür öffnen, nach draußen gehen und Gehmeditation üben. Dabei sprechen wir dieselbe Gatha oder jede andere Gatha über das Atmen. Die frische Luft und die freie Natur werden uns dabei zu Hilfe kommen. Wir sollten darauf achten, daß wir ganz natürlich und entspannt lächeln, bevor wir wieder ins Haus hineingehen. Mit unserem Lächeln ist uns bewußt, daß sich unsere Wut verwandelt hat in Verständnis und Verzeihung.

TELEFONIEREN

Worte können Tausende von Kilometern reisen.
Mögen meine Worte gegenseitiges Verständnis
und Liebe bewirken.
Mögen sie so schön sein wie Juwelen,
so wundervoll wie Blumen.

Das Telefon ist ein sehr bequemes Kommunikationsmittel. Es kann uns viel Zeit und Reisekosten ersparen. Aber das Telefon kann uns auch tyrannisieren. Durch ständiges Klingeln werden wir gestört und können nicht viel zuwege bringen. Wenn wir achtlos und unbewußt unsere Telefongespräche führen, verschwenden wir kostbare Zeit und Geld. Oft sagen wir Dinge, die gar nicht wichtig sind. Wie viele Male haben wir Telefonrechnungen bekommen und über den Rechnungsbetrag gestöhnt!

Das Klingeln des Telefons löst häufig in uns eine Art Unruhe aus, vielleicht sogar Befürchtungen wie: „Wer ruft mich an? Sind es gute oder schlechte Nachrichten?" Wie durch eine Magnetkraft werden wir zum Telefon gezogen. Wir können nicht widerstehen. Wir sind Opfer unseres eigenen Telefons.

Wenn wir wieder einmal das Telefon klingeln hören, versuchen wir einmal, genau da stehen zu bleiben, wo wir gerade sind und uns unserer Atmung bewußt zu werden: „Ich atme ein und entspanne meinen Körper. Ich atme aus und lächle." Wenn das Telefon zum zweiten Mal klingelt, atmen wir wieder ein. Ich bin sicher, daß unser Lächeln dieses Mal viel intensiver ist als zuvor. Beim dritten Klingeln können wir weiterhin Atemübungen machen, während wir langsam aufs Telefon zugehen. Wir sind unser eigener Herr, laufen wie ein Buddha zum Telefon und sind voller Achtsamkeit. Beim Abnehmen des Hörers wissen wir, daß wir lächeln, nicht nur für uns selbst, sondern auch für den anderen Menschen. Sind wir aufgeregt oder ärgerlich, übertragen sich unsere negativen Gefühle sofort auf den anderen Menschen. Aber da wir nunmehr lächeln, welch ein Glück für den anderen!

Wir können die Gatha über das Telefonieren auf unserem Telefonapparat niederschreiben. Bevor wir den Hörer abnehmen, um ein Telefongespräch zu führen, könnten wir zunächst einmal das Telefon berühren, zwei Mal ein- und ausatmen und die vier Zeilen der Gatha sprechen. Dann nehmen wir den Hörer ab und wählen. Wenn das Telefon klingelt, wissen wir, daß unser Freund atmet und lächelt und das Telefon erst nach dem dritten Klingeln abnehmen wird. Deshalb üben wir weiter: „Ich atme ein und entspanne meinen Körper. Ich atme aus und lächle." Nun sind wir beide ganz nahe an unseren Telefonapparaten, atmen und lächeln zur selben Zeit. Das ist etwas sehr Schönes! Wir brauchen für diese wunderbare Übung nicht in eine Meditationshalle zu gehen. Wir können zu Hause oder im Büro üben. Telefonmeditation kann dem Streß und der Depression entgegenwirken und Buddha in unseren Alltag bringen!

Wir sollten die Wirkung unserer Worte nicht unterschätzen, wenn wir die „Rechte Rede" praktizieren. Die Worte, die wir sprechen, können Verständnis und Liebe aufbauen. Sie können so schön sein wie Juwelen und so wundervoll wie die Blumen, und sie können viele Menschen glücklich machen. Die Gatha zum Telefonieren kann uns helfen, Rechte Rede zu üben, und sie kann uns gleichermaßen helfen, unsere Telefonrechnungen niedrig zu halten.

UND ICH BLÜHE WIE DIE BLUME ...

SIEBEN ÜBUNGEN

In dreißig geführten Meditationsübungen zeigt Thích Nhât Hanh den Weg durch das Sutra der Vier Verankerungen der Achtsamkeit. Er erklärt dieses Sutra in einer sehr praktischen Art und Weise.

Dreißig Texte während der Meditation helfen bei der Übung der Achtsamkeit: Sei es, daß wir sie auf die Nahrung als Stärkung unseres Körpers lenken. Sei es, daß wir unsere Achtsamkeit auf unsere Mutter Erde richten, auf Feuer, Wasser, Erde, Luft. Sei es, daß wir unsere Aufmerksamkeit auf unseren Körper lenken, auf seine Lebendigkeit beim Ein- und Ausatmen. Sei es, daß wir – nach einer uralten buddhistischen Tradition – unsere Achtsamkeit auf unseren toten Körper konzentrieren, wie er in einem Leichentuch eingewickelt der Verwesung preisgegeben ist. Sei es, daß unsere Aufmerksamkeit sich mit unseren Besitztümern beschäftigt: Auto, Haus, Beruf und die Sicherheit durch materielle Güter, – sei es, daß wir unsere Aufmerksamkeit auf unsere Begierden wie Sex oder bestimmte Süchte richten.

Für alle, die bei dem schwierigen, stillen Sitzen gerne geführt werden, sind die folgenden Übungen sehr hilfreich. Solange wir nicht völlig frei sind von unseren zielgerichteten Gedanken, von Begierden, Süchten und Rechthabereien, kann es wahres Glück nicht geben.

BERÜHREN, VERBINDEN

1.	Im Gewahrsein meiner Augen atme ich ein.	Gewahrsein der Augen
	Im Gewahrsein des Lichts atme ich aus.	Gewahrsein des Lichts
2.	Im Gewahrsein meiner Ohren atme ich ein.	Gewahrsein der Ohren
	Im Gewahrsein des Klangs atme ich aus.	Gewahrsein des Klangs
3.	Im Gewahrsein meiner Ohren atme ich ein.	Gewahrsein der Ohren
	Im Gewahrsein eines Schmerzensschreis atme ich aus.	Gewahrsein eines Schmerzensschreis
4.	Im Gewahrsein meiner Ohren atme ich ein.	Gewahrsein der Ohren
	Im Gewahrsein von Gesang atme ich aus.	Gewahrsein von Gesang
5.	Im Gewahrsein meiner Ohren atme ich ein.	Gewahrsein der Ohren
	Im Gewahrsein des Klangs des Regens atme ich aus.	Gewahrsein des Regenklangs
6.	Im Gewahrsein meiner Ohren atme ich ein.	Gewahrsein der Ohren
	Im Gewahrsein des Lachens atme ich aus.	Gewahrsein des Lachens
7.	Im Gewahrsein meiner Ohren atme ich ein.	Gewahrsein der Ohren
	Im Gewahrsein der Stille atme ich aus.	Gewahrsein der Stille

8. Im Gewahrsein meiner Haut atme ich ein.	Gewahrsein der Haut
Im Gewahrsein der Berührung atme ich aus.	Gewahrsein der Berührung
9. Im Gewahrsein meiner Haut atme ich ein.	Gewahrsein der Haut
Im Gewahrsein von Sonne auf meiner Haut atme ich aus.	Gewahrsein der Sonne
10. Im Gewahrsein meiner Haut atme ich ein.	Gewahrsein der Haut
Im Gewahrsein von kühlem Wasser auf meiner Haut atme ich aus.	Gewahrsein kühlen Wassers
11. Im Gewahrsein meiner Haut atme ich ein.	Gewahrsein der Haut
Im Gewahrsein von Eis auf meiner Haut atme ich aus.	Gewahrsein von Eis
12. Im Gewahrsein meiner Haut atme ich ein.	Gewahrsein der Haut
Im Gewahrsein der Berührung der Rinde eines Baumes atme ich aus.	Berührung der Rinde
13. Im Gewahrsein meiner Haut atme ich ein.	Gewahrsein der Haut
Im Gewahrsein der Berührung eines Regenwurmes atme ich aus.	Berührung des Regenwurmes
14. Im Gewahrsein meiner Zähne atme ich ein.	Gewahrsein der Zähne
Im Gewahrsein eines Apfels atme ich aus.	Gewahrsein eines Apfels.

15. Im Gewahrsein meiner Zähne atme ich ein.	Gewahrsein der Zähne
Im Gewahrsein von Zahnschmerzen atme ich aus.	Gewahrsein von Zahnschmerzen
16. Im Gewahrsein meiner Zähne atme ich ein.	Gewahrsein der Zähne
Im Gewahrsein von Zitronensaft atme ich aus.	Gewahrsein von Zitronensaft
17. Im Gewahrsein meiner Zähne atme ich ein.	Gewahrsein der Zähne
Im Gewahrsein des Zahnarztbohrers atme ich aus.	Gewahrsein des Zahnarztbohrers
18. Im Gewahrsein meiner Zunge atme ich ein.	Gewahrsein der Zunge
Im Gewahrsein des Geschmacks von Orangensaft atme ich aus.	Geschmack von Orangensaft
19. Im Gewahrsein meiner Zunge atme ich ein.	Gewahrsein der Zunge
Im Gewahrsein des Geschmacks einer Zitrone atme ich aus.	Geschmack einer Zitrone
20. Im Gewahrsein meiner Zunge atme ich ein.	Gewahrsein der Zunge
Im Gewahrsein des Geschmacks von Salzwasser atme ich aus.	Geschmack von Salzwasser
21. Im Gewahrsein meiner Zunge atme ich ein.	Gewahrsein der Zunge
Im Gewahrsein des Geschmacks von scharfem Pfeffer atme ich aus.	Geschmack scharfen Pfeffers

22. Im Gewahrsein meiner Lunge atme ich ein. Im Gewahrsein der Gerüche atme ich aus.	Gewahrsein der Lunge Gewahrsein von Gerüchen.
23. Im Gewahrsein meiner Lunge atme ich ein. Im Gewahrsein des Duftes von frischem Gras atme ich aus.	Gewahrsein der Lunge Geruch von frischem Gras
24. Im Gewahrsein meiner Lunge atme ich ein. Im Gewahrsein des Duftes von Rosen atme ich aus.	Gewahrsein der Lunge Geruch von Rosen
25. Im Gewahrsein meiner Lunge atme ich ein. Im Gewahrsein des Geruchs von Mist atme ich aus.	Gewahrsein der Lunge Geruch von Mist
26. Im Gewahrsein meiner Lunge atme ich ein. Im Gewahrsein von Zigarettenrauch atme ich aus.	Gewahrsein der Lunge Zigarettenrauch
27. Im Gewahrsein meiner Lunge atme ich ein. Im Gewahrsein des Geruchs des Meeres atme ich aus.	Gewahrsein der Lunge Geruch des Meeres
28. Im Gewahrsein meiner Leber atme ich ein. Im Gewahrsein des Geschmacks von Wein atme ich aus.	Gewahrsein der Leber Geschmack von Wein

29. Im Gewahrsein meiner Leber atme ich ein.	Gewahrsein der Leber
Im Gewahrsein fetten Essens atme ich aus.	Gewahrsein fetten Essens
30. Im Gewahrsein meiner Leber atme ich ein.	Gewahrsein der Leber
Im Gewahrsein der gelben Hautfarbe durch eine kranke Leber atme ich aus.	Gewahrsein der gelben Hautfarbe
31. Im Gewahrsein meiner Füße atme ich ein.	Gewahrsein der Füße
Im Gewahrsein meiner Schuhe atme ich aus.	Gewahrsein der Schuhe
32. Im Gewahrsein meiner Füße atme ich ein.	Gewahrsein der Füße
Im Gewahrsein von jungem Gras atme ich aus.	Junges Gras
33. Im Gewahrsein meiner Füße atme ich ein.	Gewahrsein der Füße
Im Gewahrsein des Sandes am Strand atme ich aus.	Sand am Strand
34. Im Gewahrsein meiner Füße atme ich ein.	Gewahrsein der Füße
Im Gewahrsein eines Dorns atme ich aus.	Gewahrsein eines Dorns
35. Im Gewahrsein meiner Füße atme ich ein.	Gewahrsein der Füße
Im Gewahrsein eines Ameisenhaufens atme ich aus.	Gewahrsein eines Ameisenhaufens

Diese beiden Übungen helfen uns, mit heilsamen und frischen Dingen in Kontakt zu kommen, die die Fähigkeit haben, uns zu heilen. Weil unser Geist von der Angst so oft in einen Zustand der Verwirrung geworfen wird, haben wir die Fähigkeit verloren, mit den wunderbaren Dingen des Lebens in Kontakt zu kommen. Es ist, als stünde eine Mauer zwischen uns und dem Reichtum der Welt dort draußen, und wir sind empfindungslos geworden für die heilenden Dinge in der Welt, weil wir sie nicht erreichen können.

Wenn Sie die beiden Übungen machen, sind Sie vielleicht nicht direkt in Kontakt mit den Dingen, auf die Sie sich dabei konzentrieren sollen. Dennoch können Sie – mit Hilfe der Erinnerungen, die von Ihren fünf Sinnen im Bewußtsein gespeichert wurden – eine Begegnung herstellen. Wenn Sie ihnen wirklich begegnen möchten, können Sie diese Bilder aus Ihrem Innern hervorrufen. Wenn Sie das bewußte Atmen und die Kraft Ihrer Konzentration einsetzen, wird der Kontakt mit diesen Bildern Ihnen zu der Entdeckung verhelfen, daß Ihre Fähigkeit zu fühlen noch intakt ist. Nachdem Sie diese Übungen gemacht haben, können Sie ins Freie gehen und mit ihren *sechs* Sinnesorganen – Augen, Ohren, Nase, Zunge, Körper und Geist (damit ist jede Geistesregung gemeint, nicht nur der meditierende Geist) – weitere Verbindungen zu allen guten Dingen in Ihrer Umgebung herstellen. Sie werden erleben, daß die Außenwelt heller und schöner ist als zuvor, denn Sie haben der Vergeßlichkeit ein Ende gesetzt und das Licht der Achtsamkeit entzündet. Jetzt können Sie wieder von allem Schönen im Leben genährt werden.

TIEFES SCHAUEN I

1.	Einatmend bin ich mir meines Körpers bewußt.	Des Körpers bewußt
	Ausatmend lächle ich meinem Körper zu.	Lächeln
2.	Einatmend bin ich mir des Elements Erde in mir bewußt.	Der Erde bewußt
	Ausatmend lächle ich dem Element Erde in mir zu.	Lächeln
3.	Einatmend bin ich mir des Elements Wasser in mir bewußt.	Des Wassers bewußt
	Ausatmend lächle ich dem Element Wasser in mir zu.	Lächeln
4.	Einatmend bin ich mir des Elements Feuer in mir bewußt.	Des Feuers bewußt
	Ausatmend lächle ich dem Element Feuer in mir zu.	Lächeln
5.	Einatmend bin ich mir des Elements Luft in mir bewußt.	Der Luft bewußt
	Ausatmend lächle ich dem Element Luft in mir zu.	Lächeln
6.	Einatmend bin ich mir des Elements Raum in mir bewußt.	Des Raums bewußt
	Ausatmend lächle ich dem Element Raum in mir zu.	Lächeln

7. Einatmend bin ich mir des Elements Bewußtsein in mir bewußt.	Des Bewußtseins bewußt
Ausatmend lächle ich dem Element Bewußtsein in mir zu.	Lächeln
8. Einatmend erkenne ich das Element Erde überall.	Erde erkennen
Ausatmend lächle ich dem Element Erde überall zu.	Lächeln
9. Einatmend sehe ich, daß das Element Erde Wasser, Feuer, Luft, Raum und Bewußtsein enthält.	Erde enthält die anderen Elemente
Ausatmend sehe ich, daß die Erde Wasser, Feuer, Luft, Raum und Bewußtsein ist.	Erde ist die anderen Elemente
10. Einatmend erkenne ich das Element Wasser überall.	Wasser erkennen
Ausatmend lächle ich dem Element Wasser überall zu.	Lächeln
11. Einatmend sehe ich, daß das Element Wasser Erde, Feuer, Luft, Raum und Bewußtsein enthält.	Wasser enthält die anderen Elemente
Ausatmend sehe ich, daß das Wasser Erde, Feuer, Luft, Raum und Bewußtsein ist.	Wasser ist die anderen Elemente
12. Einatmend erkenne ich das Element Feuer überall.	Feuer erkennen
Ausatmend lächle ich dem Element Feuer überall zu.	Lächeln

13. Einatmend sehe ich, daß das Element Feuer Erde, Wasser, Luft, Raum und Bewußtsein enthält.	Feuer enthält die anderen Elemente
Ausatmend sehe ich, daß das Feuer Erde, Wasser, Luft, Raum und Bewußtsein ist.	Feuer ist die anderen Elemente
14. Einatmend erkenne ich das Element Luft überall.	Luft erkennen
Ausatmend lächle ich dem Element Luft überall zu.	Lächeln
15. Einatmend sehe ich, daß das Element Luft Erde, Wasser, Feuer, Raum und Bewußtsein enthält.	Luft enthält die anderen Elemente
Ausatmend sehe ich, daß die Luft Erde, Wasser, Feuer, Raum und Bewußtsein ist.	Luft ist die anderen Elemente
16. Einatmend erkenne ich das Element Raum überall.	Raum erkennen
Ausatmend lächle ich dem Element Raum überall zu.	Lächeln
17. Einatmend sehe ich, daß das Element Raum Erde, Wasser, Feuer, Luft und Bewußtsein enthält.	Raum enthält die anderen Elemente
Ausatmend sehe ich, daß der Raum Erde, Wasser, Feuer, Luft und Bewußtsein ist.	Raum ist die anderen Elemente
18. Einatmend erkenne ich das Element Bewußtsein überall.	Bewußtsein erkennen

Ausatmend lächle ich dem Element Bewußtsein überall zu.	Lächeln
19. Einatmend sehe ich, daß das Element Bewußtsein Erde, Wasser, Feuer, Luft und Raum enthält.	Bewußtsein enthält die anderen Elemente.
Ausatmend sehe ich, daß das Bewußtsein Erde, Wasser, Feuer, Luft und Raum ist.	Bewußtsein ist die anderen Elemente.

Diese Übung führt uns zu einer Beobachtung der sechs Elemente, die sowohl den menschlichen Organismus als auch das Universum ausmachen. Die sechs Elemente sind Erde, Wasser, Feuer, Luft, Raum und Bewußtsein. Erde steht für die Festigkeit, Wasser für die Flüssigkeit, Feuer für Wärme und Hitze und Luft für die Beweglichkeit der Dinge. Raum und Bewußtsein sind die Natur der ersten vier Elemente und bilden den Rahmen für diese. Wenn wir einatmen, sehen wir die Erde in uns. Wenn wir ausatmen, erkennen wir die Erde an und lächeln ihr zu. Die Erde ist die Mutter, die uns gebiert, und unsere Mutter ist direkt in uns. Wir sind mit unserer Mutter eins; wir sind eins mit der Erde. Jeden Augenblick kommt die Erde in uns hinein. Auch das Gemüse, das wir essen, ist Erde. Wenn wir meditieren, sollten wir der Erde in konkreten Bildern begegnen. Wenn wir über Wasser meditieren, sollten wir das Wasser in unserem Blut, in unserem Speichel, unserer Galle und unserem Schweiß sehen, und wir sollten dem Wasser anerkennend zulächeln. Unser Körper besteht zu etwa 70 Prozent aus Wasser. Ebenso können wir Luft und Raum in unserem Körper wahrnehmen. Wenn wir tief schauen, erkennen wir, daß alle Elemente voneinander abhängen. Die Luft zum Beispiel wird vom Wald genährt. Der Wald braucht Luft, die in den Baumsaft übergeht, um Chlorophyll zu erzeugen. Das pflanzliche Leben, einschließlich des Gemüses, das wir essen, braucht die Erde und die Sonnenwärme zum Wachsen. Weder Raum noch feste Materie könnten eins ohne das andere existieren. In den Sutras wird gelehrt, daß Form auch Geist ist, und wir können sehen, daß Bewußtsein jede Zelle unseres Körpers durchdringt. Das Bewußtsein erhält den Körper, und der Körper erhält das Bewußtsein.

Wenn wir anfangen, über Erde, Wasser, Feuer, Luft, Raum und Bewußtsein außerhalb unseres Körpers zu meditieren, kommen wir zu der Erkenntnis, daß diese sechs Elemente das gesamte Universum durchdringen. Allmählich beginnt uns zu dämmern, daß wir und das Universum eins sind. Das Universum ist unsere Basis, und wir sind die Basis des Universums. Das Zusammenfinden und Zerfallen eines Körpers fügt dem Universum weder etwas hinzu noch nimmt es ihm etwas weg. Die Sonne ist für unseren Körper genauso wesentlich wie unser Herz. Der Wald ist für unseren Körper genauso wesentlich wie die Lunge. Unser Körper ist auf den Fluß ebenso angewiesen wie auf das Blut. Wenn wir fortgesetzt so meditieren, werden wir erkennen, daß wir die Grenzen zwischen „Ich" und „Nicht-Ich" loslassen können. Dadurch überwinden wir die Unterscheidung zwischen Geburt und Tod, Sein und Nicht-Sein und schließlich jegliche Angst. Gemäß der Lehren vom abhängigen Entstehen kommt das *Eine* zustande durch *alles,* und *alles* ist im *Einen* gegenwärtig. Darum enthält das Erdelement die Elemente Wasser, Feuer, Luft, Raum und Bewußtsein. Das Erdelement kann als das ganze Universum enthaltend erkannt werden. Das Paliwort *kasiṇa* (Sanskrit: *kṛtsna)* wird manchmal mit „Zeichen" übersetzt und bezieht sich auf das Zeichen, daß wir das Objekt unserer Meditation verwirklicht haben. Die ursprüngliche Bedeutung des Wortes lautet jedoch „Ganzheit", und wenn unsere Meditation tief genug ist, erkennen wir, daß jedes Element alle anderen enthält. Eine solche Praxis nennt man *kṛtsnāyatanabhāvanā,* sich darin üben, in die Ganzheit einzutreten. In der Übung von *kṛtsnāyatanabhāvanā* können wir auch über Farben meditieren: Blau, Rot, Weiß und Gelb. Diese vier Farben und die sechs Elemente ergeben zusammen zehn Übungen des Eintritts in die Ganzheit. Auch Farben sind sowohl im Universum als auch in uns gegenwärtig, wobei jede Farbe wiederum alle anderen Farben enthält und auch die sechs Elemente, die ebenfalls in uns und im ganzen Universum sind.

TIEFES SCHAUEN II

1. Einatmend bin ich mir des Haares auf meinem Kopf bewußt.	Haar
Ausatmend sehe ich die Vergänglichkeit des Haares auf meinem Kopf.	Vergänglich
2. Einatmend bin ich mir meiner Augen bewußt.	Augen
Ausatmend sehe ich die Vergänglichkeit meiner Augen.	Vergänglich

3. Einatmend bin ich mir meiner Ohren bewußt.	Ohren
Ausatmend sehe ich die Vergänglichkeit meiner Ohren.	Vergänglich
4. Einatmend bin ich mir meiner Nase bewußt.	Nase
Ausatmend sehe ich die Vergänglichkeit meiner Nase.	Vergänglich
5. Einatmend bin ich mir meiner Zunge bewußt.	Zunge
Ausatmend sehe ich die Vergänglichkeit meiner Zunge.	Vergänglich
6. Einatmend bin ich mir meines Herzens bewußt.	Herz
Ausatmend sehe ich die Vergänglichkeit meines Herzens.	Vergänglich
7. Einatmend bin ich mir meiner Leber bewußt.	Leber
Ausatmend sehe ich die Vergänglichkeit meiner Leber.	Vergänglich
8. Einatmend bin ich mir meiner Lunge bewußt.	Lunge
Ausatmend sehe ich die Vergänglichkeit meiner Lunge.	Vergänglich
9. Einatmend bin ich mir meiner Gedärme bewußt.	Gedärme
Ausatmend sehe ich die Vergänglichkeit meiner Gedärme.	Vergänglich

10. Einatmend bin ich mir meiner Nieren bewußt.	Nieren
Ausatmend sehe ich die Vergänglichkeit meiner Nieren.	Vergänglich
11. Einatmend bin ich mir meines Körpers bewußt.	Körper
Ausatmend sehe ich die Vergänglichkeit meines Körpers.	Vergänglich
12. Einatmend bin ich mir der Welt bewußt.	Die Welt
Ausatmend sehe ich die Vergänglichkeit der Welt.	Vergänglich
13. Einatmend bin ich mir meiner Nation bewußt.	Nation
Ausatmend sehe ich die Vergänglichkeit meiner Nation.	Vergänglich
14. Einatmend bin ich mir der Regierungen bewußt.	Regierungen
Ausatmend sehe ich die Vergänglichkeit von Regierungen.	Vergänglich

Diese Übung hilft uns, die vergängliche Natur von allem anzuerkennen. Die Arbeit, alles in Achtsamkeit anzuerkennen, führt uns zu einer tieferen Sicht des Lebens. Es ist sehr wichtig zu verstehen, daß Vergänglichkeit kein negativer Aspekt des Lebens ist. Vergänglichkeit ist die Grundlage des Lebens schlechthin. Wenn das, was existiert, nicht vergänglich wäre, könnte das Leben nicht weitergehen. Wenn ein Getreidekorn nicht vergänglich wäre, könnte keine Getreidepflanze aus ihm werden. Wenn ein kleines Kind nicht vergänglich wäre, könnte es nicht zu einem Erwachsenen reifen.

Das Leben ist vergänglich, das heißt jedoch nicht, daß es nicht lebenswert wäre. Gerade weil es so vergänglich ist, schätzen wir das Leben so hoch. Darum müssen wir lernen, jeden Augenblick zutiefst zu leben und verantwortungsvoll zu nutzen. Wenn es uns gelingt, ganz und gar im Hier und Jetzt zu leben, werden wir später nichts zu bereuen haben. Wir wissen dann, wie wir uns um unsere Nächsten kümmern müssen und wie wir sie glücklich machen. Wenn wir akzeptieren, daß alles vergänglich ist, werden wir nicht vom Leid gelähmt sein, wenn die Dinge zerfallen und sterben. Wir können im Angesicht des Wandels, in Reichtum und Armut, in Erfolg und Versagen friedvoll und zufrieden bleiben.

Viele Menschen sind stets ruhelos und gehetzt und wissen sich nicht recht um Körper und Geist zu kümmern. Tag und Nacht, Stück für Stück verspielen sie um materieller Annehmlichkeiten willen ihre Gesundheit. Schließlich zerstören sie Körper und Geist für letztlich unwichtige Dinge. Diese Übung kann uns helfen, gut für Körper und Geist zu sorgen.

KONTEMPLATION I

1. Einatmend bin ich mir der atmenden Lebendigkeit meines Körpers bewußt.	Lebendiger Körper
Ausatmend lächle ich meinem lebendig atmenden Körper zu.	Lächeln
2. Einatmend sehe ich meinen Körper tot auf dem Bett liegen.	Toter Körper
Ausatmend lächle ich meinem toten Körper auf dem Bett zu.	Lächeln
3. Einatmend sehe ich meinen toten Körper von grauer Farbe.	Mein grauer Körper
Ausatmend lächle ich meinem toten Körper von grauer Farbe zu.	Lächeln
4. Einatmend sehe ich meinen toten Körper von Würmern und Fliegen befallen.	Mein befallener Körper
Ausatmend lächle ich meinem toten, von Würmern und Fliegen befallenen Körper zu.	Lächeln
5. Einatmend sehe ich meinen toten Körper als weißes Skelett.	Mein weißes Skelett
Ausatmend lächle ich meinem toten Körper als weißem Skelett zu.	Lächeln

6.	Einatmend sehe ich meinen toten Körper als eine Anzahl frischer Knochen, hier und da verstreut.	Verstreute, frische Knochen
	Ausatmend lächle ich meinem toten Körper als einer Anzahl frischer, verstreuter Knochen zu.	Lächeln
7.	Einatmend sehe ich meinen toten Körper als eine Anzahl vertrockneter Knochen.	Vertrocknete Knochen
	Ausatmend lächle ich meinem toten Körper als einer Anzahl vertrockneter Knochen zu.	Lächeln
8.	Einatmend sehe ich, wie mein toter Körper in ein Leichentuch gewickelt wird.	Ins Leichentuch gewickelt
	Ausatmend lächle ich meinem toten, ins Leichentuch gewickelten Körper zu.	Lächeln
9.	Einatmend sehe ich, wie mein toter Körper in einen Sarg gelegt wird.	In den Sarg gelegt
	Ausatmend lächle ich meinem toten Körper im Sarg zu.	Lächeln
10.	Einatmend sehe ich, wie mein toter Körper verbrannt wird.	Verbrannt
	Ausatmend lächle ich meinem verbrennenden toten Körper zu.	Lächeln

11. Einatmend sehe ich, wie meine sterblichen Überreste mit Erde vermischt werden. — Überreste mit Erde vermischt
    Ausatmend lächle ich meinen sterblichen, mit Erde vermischten Überresten zu. — Lächeln

Diese Übung hilft uns, mit der Tatsache vertraut zu werden, daß wir alle früher oder später sterben müssen. Außerdem bietet sie die Möglichkeit, über die Vergänglichkeit des Körpers zu meditieren. Wir nennen das traditionell die Neun Kontemplationen des Unreinen *(navāśubha samjñā).* Wenn wir uns mit den Vorstellungen, die uns den Tod fürchten lassen, vertraut machen, beginnen wir die Angst vor dem Tod zu überwinden. Darüber hinaus werden wir auch anfangen, unser Leben tiefer, mit mehr Sorgsamkeit und Gewahrsein zu leben.

Wenn wir uns unseren eigenen Tod vorstellen und ihn akzeptieren können, werden wir viel an Ehrgeiz, Sorgen und Leid loswerden. Kurz, es wird uns gelingen, all das loszulassen, was uns unnötigerweise so geschäftig hält. Wir können anfangen, auf sinnvolle Weise für uns selbst und andere Wesen zu leben.

Die verschiedenen Verfallsstadien des Leichnams, die zu den traditionellen Neun Kontemplationen gehören, können durch einfache, unserem Erfahrungshintergrund eher entsprechende Bilder ersetzt werden. Zum Beispiel: Leichentuch, Sarg, Krematorium, Urne für die Asche, Asche wird der Erde übergeben oder den Wellen eines Flusses oder des Meeres.

KONTEMPLATION II

1.	Einatmend bin ich mir der atmenden Lebendigkeit eines geliebten Menschen bewußt.	Geliebter Mensch, lebendig
	Ausatmend lächle ich dem lebendig atmenden Körper des geliebten Menschen zu.	Lächeln
2.	Einatmend sehe ich den Körper des geliebten Menschen tot auf dem Bett liegen.	Geliebter Mensch, tot
	Ausatmend lächle ich dem toten Körper des geliebten Menschen auf dem Bett zu.	Lächeln
3.	Einatmend sehe ich den toten Körper des geliebten Menschen von grauer Farbe.	Grauer Körper des geliebten Meschen
	Ausatmend lächle ich dem toten Körper des geliebten Menschen von grauer Farbe zu.	Lächeln
4.	Einatmend sehe ich den toten Körper des geliebten Menschen von Würmern und Fliegen befallen.	Der befallene Körper des geliebten Menschen
	Ausatmend lächle ich dem toten, von Würmern und Fliegen befallenen Körper des geliebten Menschen zu.	Lächeln
5.	Einatmend sehe ich den toten Körper des geliebten Menschen als weißes Skelett.	Skelett des geliebten Menschen

	Ausatmend lächle ich dem toten Körper des geliebten Menschen als weißem Skelett zu.	Lächeln
6.	Einatmend sehe ich den toten Körper des geliebten Menschen als eine Anzahl frischer Knochen, hier und da verstreut.	Verstreute, frische Knochen
	Ausatmend lächle ich dem toten Körper des geliebten Menschen als einer Anzahl frischer, verstreuter Knochen zu.	Lächeln
7.	Einatmend sehe ich den toten Körper des geliebten Menschen als eine Anzahl vertrockneter Knochen.	Vertrocknete Knochen
	Ausatmend lächle ich dem toten Körper des geliebten Menschen als einer Anzahl vertrockneter Knochen zu.	Lächeln
8.	Einatmend sehe ich, wie der Körper des geliebten Menschen in ein Leichentuch gewickelt wird.	Ins Leichentuch gewickelt
	Ausatmend lächle ich dem ins Leichentuch gewickelten Körper des geliebten Menschen zu.	Lächeln
9.	Einatmend sehe ich, wie der Körper des geliebten	In den Sarg gelegt

Menschen in einen Sarg gelegt wird.	
Ausatmend lächle ich dem Körper des geliebten Menschen im Sarg zu.	Lächeln
10. Einatmend sehe ich, wie der Körper des geliebten Menschen verbrannt wird.	Verbrannt
Ausatmend lächle ich dem verbrennenden Körper des geliebten Menschen zu.	Lächeln
11. Einatmend sehe ich, wie die sterblichen Überreste des geliebten Menschen mit Erde vermischt werden.	Überreste mit Erde vermischt
Ausatmend lächle ich den sterblichen, mit Erde vermischten Überresten des geliebten Menschen zu.	Lächeln

Diese Übung hilft uns anzuerkennen, daß auch diejenigen, die wir am meisten lieben, früher oder später sterben werden. Vor dieser Tatsache gibt es kein Entrinnen. Wie schon in der vorherigen Übung, können auch hier die Bilder der Neun Kontemplationen durch passendere ersetzt werden. Wenn wir uns den Tod eines geliebten Menschen vorstellen können, können wir viel von unserem Zorn und unseren Vorwürfen gegenüber dem anderen abbauen. Wir lernen, auf sanftere Art mit unseren Lieben umzugehen, uns um sie zu kümmern und sie glücklich zu machen. Unser Bewußtsein der Vergänglichkeit hält gedankenlose Worte und Handlungen gegenüber unseren Lieben aus unserem Alltag fern. Wir lernen vermeiden, die Menschen, die uns am wichtigsten sind, zu verletzen und Samen des Leidens in uns und in ihnen zu säen.

KONTEMPLATION III

1. Einatmend bin ich mir der Energie und Kraft des Menschen, der mich leiden läßt, bewußt.	Energie und Kraft des Menschen, der mich leiden läßt.
Ausatmend lächle ich der Energie und Kraft des Menschen, der mich leiden läßt, zu.	Lächeln
2. Einatmend sehe ich den toten Körper des Menschen, der mich leiden läßt.	Toter Körper des Menschen, der mich leiden läßt.
Ausatmend lächle ich dem toten Körper des Menschen, der mich leiden läßt, zu.	Lächeln
3. Einatmend sehe ich den toten Körper des Menschen, der mich leiden läßt, von grauer Farbe.	Grauer Leichnam
Ausatmend lächle ich dem toten Körper des Menschen, der mich leiden läßt, von grauer Farbe zu.	Lächeln

4.	Einatmend sehe ich den aufgeblähten toten Körper des Menschen, der mich leiden läßt.	Aufgeblähter Leichnam
	Ausatmend lächle ich dem aufgeblähten toten Körper des Menschen, der mich leiden läßt, zu.	Lächeln
5.	Einatmend sehe ich den verwesenden toten Körper des Menschen, der mich leiden läßt.	Verwesender Leichnam
	Ausatmend lächle ich dem verwesenden toten Körper des Menschen, der mich leiden läßt, zu.	Lächeln
6.	Einatmend sehe ich den toten Körper des Menschen, der mich leiden läßt, von Würmern und Fliegen befallen.	Der befallene Körper
	Ausatmend lächle ich dem toten, von Würmern und Fliegen befallenen Körper des Menschen, der mich leiden läßt, zu.	Lächeln
7.	Einatmend sehe ich das weiße Skelett des Menschen, der mich leiden läßt.	Weißes Skelett
	Ausatmend lächle ich dem weißen Skelett des Menschen, der mich leiden läßt, zu.	Lächeln
8.	Einatmend sehe ich den toten Körper des Menschen, der mich leiden läßt, als eine	Verstreute, frische Knochen

	Anzahl frischer Knochen, hier und da verstreut.	
	Ausatmend lächle ich dem toten Körper des Menschen, der mich leiden läßt, als einer Anzahl frischer, verstreuter Knochen zu.	Lächeln
9.	Einatmend sehe ich den toten Körper des Menschen, der mich leiden läßt, als eine Anzahl vertrockneter Knochen.	Vertrocknete Knochen
	Ausatmend lächle ich dem toten Körper des Menschen, der mich leiden läßt, als einer Anzahl vertrockneter Knochen zu.	Lächeln
10.	Einatmend sehe ich den toten Körper des Menschen, der mich leiden läßt, als verrottete Knochen zu Staub zerfallen.	Verrottete Knochen, zu Staub zerfallen
	Ausatmend lächle ich dem toten Körper des Menschen, der mich leiden läßt, als verrottete, zu Staub zerfallene Knochen zu.	Lächeln

Diese Übung ähnelt den beiden vorangegangenen. Das Objekt der Meditation ist hier jedoch jemand, der uns so sehr leiden läßt, daß wir von Haß und Zorn erfüllt sind. Wir meditieren, um die Zerbrechlichkeit und Vergänglichkeit derjenigen zu erkennen, die uns verletzen. Diese Meditation löst unseren Zorn auf und ruft Liebe und Mitgefühl für jemanden, den wir hassen, und auch für uns selbst hervor. Sehr häufig werden wir genau auf die Menschen am zornigsten, die wir am meisten lieben. Unser Zorn ist eine Funktion dieser tiefen Liebe, die durch diese Übung befreit werden kann.

TIEFES SCHAUEN, LOSLASSEN

1. Einatmend kontempliere ich den attraktiven Körper einer Frau.	Attraktiver Körper
Ausatmend erkenne ich die vergängliche Natur dieses Körpers.	Vergängliche Natur des Körpers
2. Einatmend kontempliere ich den attraktiven Körper eines Mannes.	Attraktiver Körper
Ausatmend sehe ich die vergängliche Natur dieses Körpers.	Vergängliche Natur des Körpers
3. Einatmend kontempliere ich die Gefahren meiner Gier nach Sex.	Gefahren aus der Gier nach Sex
Ausatmend lasse ich die Gier los.	Loslassen
4. Einatmend kontempliere ich das Leiden, zu dem meine Gier nach Sex führen kann.	Leiden aus der Gier nach Sex
Ausatmend lasse ich die Gier los.	Loslassen

5. Einatmend kontempliere ich die Schwierigkeiten, zu denen meine Gier nach Sex führen kann.	Schwierigkeiten aus der Gier nach Sex
Ausatmend lasse ich die Gier los.	Loslassen
6. Einatmend kontempliere ich die Hetze nach Besitz.	Hetze nach Besitz
Ausatmend erkenne ich die vergängliche Natur von Besitz.	Vergängliche Natur von Besitz
7. Einatmend kontempliere ich mein Begehren eines Autos.	Begehren eines Autos
Ausatmend erkenne ich die vergängliche Natur des Autos.	Vergängliche Natur des Autos
8. Einatmend kontempliere ich mein Begehren eines Hauses.	Begehren eines Hauses
Ausatmend erkenne ich die vergängliche Natur des Hauses.	Vergängliche Natur des Hauses
9. Einatmend kontempliere ich mein Begehren nach materieller Sicherheit.	Materielle Sicherheit
Ausatmend erkenne ich die vergängliche Natur materieller Sicherheit.	Vergängliche Natur materieller Sicherheit
10. Einatmend kontempliere ich die Gefahr meiner Gier nach Reichtum.	Gefahr der Gier nach Reichtum
Ausatmend lasse ich die Gier los.	Loslassen

11. Einatmend kontempliere ich das Leiden, zu dem meine Gier nach Reichtum führen kann.	Leiden aus der Gier nach Reichtum
Ausatmend lasse ich die Gier los.	Loslassen
12. Einatmend kontempliere ich die Schwierigkeiten, zu denen meine Gier nach Reichtum führen kann.	Schwierigkeiten aus der Gier nach Reichtum
Ausatmend lasse ich die Gier los.	Loslassen
13. Einatmend kontempliere ich das Streben nach Ruhm.	Streben nach Ruhm
Ausatmend erkenne ich die vergängliche Natur von Ruhm.	Vergängliche Natur von Ruhm
14. Einatmend kontempliere ich die Gefahr meiner Gier nach Ruhm.	Gefahr der Gier nach Ruhm
Ausatmend lasse ich die Gier los.	Loslassen
15. Einatmend kontempliere ich das Leiden, zu dem meine Gier nach Ruhm führen kann.	Leiden aus der Gier nach Ruhm
Ausatmend lasse ich die Gier los.	Loslassen
16. Einatmend kontempliere ich die Schwierigkeiten, zu denen meine Gier nach Ruhm führen kann.	Schwierigkeiten aus der Gier nach Ruhm
Ausatmend lasse ich die Gier los.	Loslassen

17. Einatmend kontempliere ich mein Begehren nach Kleidung und Essen.	Begehren von Kleidung und Essen
Ausatmend erkenne ich die vergängliche Natur von Kleidung und Essen.	Vergängliche Natur von Kleidung und Essen.
18. Einatmend kontempliere ich die Gefahr meiner Gier nach Kleidung und Essen.	Gefahr der Gier nach Kleidung und Essen
Ausatmend lasse ich die Gier los.	Loslassen
19. Einatmend kontempliere ich das Leiden, zu dem meine Gier nach Kleidung und Essen führen kann.	Leiden aus der Gier nach Kleidung und Essen
Ausatmend lasse ich die Gier los.	Loslassen
20. Einatmend kontempliere ich die Schwierigkeiten, zu denen meine Gier nach Kleidung und Essen führen kann.	Schwierigkeiten aus der Gier nach Kleidung und Essen
Ausatmend lasse ich die Gier los.	Loslassen
21. Einatmend kontempliere ich ein Leben in Trägheit.	Leben in Trägheit
Ausatmend erkenne ich die Gefahr eines Lebens in Trägheit.	Gefahr
22. Einatmend kontempliere ich Loslassen.	Loslassen
Ausatmend kontempliere ich Loslassen.	Loslassen

Diese Übung hilft uns, sowohl die Vergänglichkeit als auch die Gefahren und Härten unseres endlosen Strebens nach materiellen und sinnlichen Genüssen zu erkennen – ob wir diese Genüsse nun in Form einer schönen Frau/eines schönen Mannes suchen, oder ob es sich um Reichtümer, Besitz, Ruhm oder andere Objekte unserer Begierde handeln mag. Wir erleiden tausend kleine und große Qualen, um in den Genuß dieser Sinnesobjekte zu kommen. Eventuell verschwenden wir unser ganzes Leben, um diesen Genüssen nachzujagen, ohne irgendeine Garantie, daß wir sie auch bekommen werden. Und selbst wenn wir ihrer habhaft werden, stellt sich bald heraus, daß sie nicht nur äußerst kurzlebig sind, sondern sogar gefährlich für das Wohlergehen von Körper und Geist.

Solange wir nicht völlig frei sind, kann es wahres Glück nicht geben. Mit vielerlei ehrgeizigen Plänen belastet, können wir nicht frei sein. Immer greifen wir nach etwas; wir wollen soviele Dinge zugleich tun, daß uns zum Leben keine Zeit mehr bleibt. Wir glauben, daß die Lasten, die wir schleppen, für unser Glück unabdingbar sind, daß wir leiden werden, wenn man sie uns abnimmt. Wenn wir uns die Zusammenhänge jedoch näher anschauen, erkennen wir, daß die Dinge, nach denen wir greifen, die Dinge, die uns dauernd auf Trab halten, in Wirklichkeit Hindernisse für unser Glück sind. Die Übung dieser Meditation sollte von einer Übung gefolgt werden, die uns hilft loszulassen. Indem wir loslassen, lernen wir, daß wahres Glück nur durch Freiheit, ein erwachtes Leben und die Übung von Liebe und Mitgefühl entstehen kann.

DER GERUCH VON FRISCH GESCHNITTENEM GRAS

DAS WUNDER DES GEHENS

Vor vielen Jahren richtete der Mensch sich auf und ging auf zwei Füßen – ein großer Schritt in der Evolution hin zum Menschsein. In der Entwicklungsgeschichte jedes einzelnen Menschen ist es nicht anders: Jeder neugeborene Mensch beginnt eines Tages, sich aufzurichten und auf seinen beiden Füßen zu gehen. Leider verlernen wir im Laufe der Jahre die Achtsamkeit auf diese wunderbare menschliche Fähigkeit. Wir gewöhnen uns daran, achten nicht mehr darauf. Wir werden nicht mehr berauscht vom Geruch des frischgeschnittenen Grases, wir hören nicht mehr das Rascheln der Blätter bei einem Waldspaziergang. Die Füße sind eingezwängt in feste Schuhe, die uns nicht mehr die erfrischende Feuchtigkeit des morgendlichen Taus erspüren lassen. Für die vielen Wege auf unserer Erde und die entspannende Wirkung des Gehens hat Thích Nhât Hanh uns wieder die Augen geöffnet.

Schritt für Schritt lernen wir unser Gehen zu genießen, und uns darin zu jeder Zeit zu verlieren. Ganz gleich, ob wir morgens in Eile die Straßenbahn erhaschen wollen, nach Büroschluß müde und abgekämpft den Weg nach Hause finden oder ob wir Sonntag nachmittags durch den Stadtpark bummeln – Achtsamkeit auf unser Gehen entspannt uns immer!

Dieses Wunder des Gehens wieder zu entdecken und es zu üben, dazu lädt die Gehmeditation ein.

DU KANNST ES

Gehmeditation ist eine Meditationsübung im Gehen. Sie kann dir Frieden bringen, während du übst. Bei der Gehmeditation sollten deine Schritte langsam, entspannt und ruhig sein; laß ein ‚Halb-Lächeln' auf deinem Gesicht sein.

Du solltest gehen wie jemand, der völlige Ruhe hat und gänzlich unbeschäftigt ist. Während du solche Schritte machst, laß alle Sorgen, alle Trauer von dir abfallen. Um voller Frieden zu sein, mußt du fähig werden, so zu gehen.

Es ist überhaupt nicht so schwer, du kannst es. Jeder Mensch kann es, wenn er oder sie wirklich in Frieden sein möchte.

GEHEN OHNE ANZUKOMMEN

In unserem geschäftigen Leben fühlen wir uns oft abgehetzt und unter Zeitdruck. Meist sind wir in Eile. Aber wo hetzen wir eigentlich immerzu hin? Das ist eine Frage, die wir uns nur sehr selten stellen.

Gehmeditation ist wie ein Spaziergang, wir haben dabei nicht die Absicht, einen bestimmten Ort innerhalb einer bestimmten Zeitspanne erreichen zu wollen.

Zweck der Gehmeditation ist die Gehmeditation selbst. Entscheidend ist das Gehen, nicht das Ankommen, denn Gehmeditation ist kein Mittel, es ist das Ziel selbst.

Jeder Fußschritt ist Leben; jeder Fußschritt ist Frieden.

Das ist der Grund, warum wir nicht zu eilen haben; darum verlangsamen wir unsere Schritte.

Geh, aber geh nicht. Geh, aber laß dich durch nichts antreiben, was immer es auch sei.

So wird, wenn wir gehen, wie von selbst ein ‚Halb-Lächeln' auf unserem Gesicht sein.

ENTSPANNTE SCHRITTE

Die Schritte unseres alltäglichen Lebens sind ganz schwer geworden durch Sorgen, Ärger und Ängste. Unser Leben ist so nur eine Aneinanderreihung von Monaten und Jahren voller Sorgen. Dadurch können unsere Schritte nicht entspannt sein.

Die Erde ist so schön mit ihren vielen wunderbaren Wegen: da sind schmale Pfade mit jungen Birken an jeder Seite; da gibt es Wege, wo du berauscht wirst *vom Geruch des frisch geschnittenen Grases;* du findest Pfade, die bedeckt sind mit Laub in den wunderschönsten Farben.

Aber nur selten sind wir uns dieser Wege bewußt, und oft wissen wir sie gar nicht zu schätzen. Das ist so, weil wir nicht entspannt sind und unser Gang kein entspannter Gang ist.

Gehmeditation ist eine Übung, durch die wir zu einem entspannten Gehen zurückfinden.

Im Alter von ungefähr anderthalb Jahren beginnen wir, unsere ersten noch schwankenden Schritte zu machen.

Wir werden jetzt, in der Übung der Gehmeditation, diese unsicheren, tastenden Schritte wieder machen.

Nach ein paar Wochen Praxis können wir dann sicher, natürlich und friedvoll gehen.

Ich habe dies niedergeschrieben, um dir zu helfen, mit dieser Übung zu beginnen. Ich wünsche dir Erfolg.

LASS DIE SORGEN VON DIR ABFALLEN

Wenn ich die Augen eines Buddha hätte, würde ich in deinen Fußabdrücken die Spuren von Kummer und Sorgen klar erkennen, die du beim Gehen auf der Erdoberfläche hinterläßt, so wie ein Wissenschaftler unter dem Mikroskop, in einer dem Meer entnommenen Probe Wasser, das Leben der Mikroorganismen studieren und erkennen kann.

Geh so, daß du nur Frieden in deinem Fußabdruck hinterläßt. Das ist das Geheimnis der Gehmeditation. Wenn du auf diese Weise gehen willst, mußt du wissen, wie du Kummer und Sorgen loslassen kannst.

GEHEN IM REINEN LAND

Wenn ich die Füße eines Buddha hätte, würde ich dich mitnehmen in Amitabha Buddhas ‚Reines Land' – oder in christlicher Terminologie –, ich würde dich mitnehmen in das ‚Reich Gottes'.

Die Umgebung dort ist sehr schön und friedvoll.

Aber wie wirst du gehen, wenn du dort angekommen bist?

Bist du sicher, daß du nicht die Spuren deines weltlichen Lebens, die Spuren von Kummer und Sorgen in deinen Fußabdrücken im ‚Reinen Land' zurückläßt?

Bringst du Kummer und Sorgen mit und prägst sie dort in den Boden ein, so wirst du das ‚Reine Land' verunreinigen.

Um fähig zu sein, in einer friedlichen Welt zu leben, mußt du in der Lage sein, hier auf dieser Erde friedvoll zu gehen.

DIESE ERDE IST DAS REINE LAND

Ich möchte dir gern etwas zuflüstern: Wenn du hier auf der Erde Schritte voller Frieden machen kannst, dann ist es nicht mehr nötig, das ‚Reine Land' des Buddha oder das ‚Reich Gottes' zu erreichen.

Sobald du frei und in Frieden bist, ist das Weltliche rein und das Reine weltlich, und es gibt keinen Ort mehr, zu dem du gelangen müßtest. Es ist dann nicht mehr nötig, die wunderbaren Füße des Buddha zu gebrauchen, selbst wenn du sie hättest.

DIESE ERDE HAT ALLE WUNDER DES REINEN LANDES

Du mußt lernen, von deinen Sorgen, deinem Kummer abzulassen, um frei und in Frieden zu sein.

Als erstes mußt du sorgfältig beobachten, wahrnehmen und erkennen, daß diese Welt selbst alle Wunder des ‚Reinen Landes' hat.

Es sind unsere Sorgen, unsere Kümmernisse, die uns blind und unfähig machen, diese Wunder zu sehen.

Ich denke oft, daß ich unsere Welt dem ‚Reinen Land' vorziehen würde, denn es gibt so viele Dinge hier auf Erden, die ich sehr gerne habe, z. B. Pflaumenbäume, Kastanienbäume, Eichen, Apfelbäume, Kiefern und Weiden.

Mir wurde erzählt, daß es im „Reinen Land" kostbare Lotusteiche gäbe, edelste Bäume und Wege, die bedeckt sind mit Gold und Silber sowie erlesene Singvögel.

Ich spüre keine besondere Vorliebe für diese Kostbarkeiten. Ich mag nicht gern auf Wegen gehen, die gepflastert sind mit Gold und Silber, ebensowenig wie auf marmornen Wegen dieser Erde.

Ich liebe dagegen die Sandwege mit den Grasbüscheln, die zu beiden Seiten wachsen. Ich liebe jeden einzelnen Kieselstein und das Laub, das auf die Wege gefallen ist.

Ich mag die vielen Sträucher, die Weißdornbüsche, die Bäche, Flüsse und Seen.

Als ich noch ein junger Novize war, sagte ich einst zu meinem Lehrer: „Thây, ich werde nicht in das ‚Reine Land' gehen, wenn es dort keine Zitronen- und Stechapfelbäume gibt."

Mein Lehrer schüttelte den Kopf und lächelte. Vielleicht hielt er mich für einen besonders eigensinnigen Schüler. Aber er sagte nie, ob er mir zustimmte oder nicht.

Jetzt bin ich sehr glücklich, denn ich weiß, daß das Weltliche und das Reine nur Vorstellungen unseres Geistes sind. Ich bin glücklich, denn ich bin nun sicher, daß es im ‚Reinen Land' sowohl Zitronen- und Stechapfelbäume gibt als auch die rötlichen Sandwege mit den Grasbüscheln an den Rändern.

Ich weiß, wenn ich aufmerksam und achtsam alles betrachte und mit friedvollen Schritten gehe, dann kann ich das ‚Reine Land' sehen und erfahren.

Darum übe ich jeden Tag Gehmeditation.

DAS SIEGEL EINES KÖNIGS

Wähle einen ruhigen Weg in einem Park, einem Wald oder an einem Flußufer, wo du üben kannst. Gut ist es, wenn der Weg nicht zu uneben oder zu steil ist.

Es gibt Menschen, die Gehmeditation in Konzentrationslagern üben, andere tun dies in engen, dunklen Gefängniszellen.

Wenn du übst, verlangsame deine Schritte und richte deine ganze Aufmerksamkeit auf diese Schritte. Sei dir jedes Schrittes bewußt.

Geh behutsam und ruhig. Geh wie ein Buddha.

Setze beim Gehen deinen Fuß behutsam, aber doch zuversichtlich auf die Erdoberfläche, so wie ein König sein Siegel auf einen königlichen Erlaß setzt.

Das Siegel auf einen königlichen Erlaß kann für das

Volk Frieden, es kann aber auch sehr viel Leid bedeuten. Dasselbe gilt für deine Schritte.

Eine friedliche Welt hängt davon ab, ob du friedvoll gehen kannst oder nicht.

Alles hängt von einem einzigen deiner Schritte ab.

Wenn du nämlich einen friedvollen Schritt machen kannst, bist du auch fähig, zwei zu machen. Schließlich kann jeder deiner Schritte voller Frieden sein.

GEHEN IST DEINE WICHTIGSTE HANDLUNG

Welche deiner Tätigkeiten ist die wichtigste in deinem Leben? Ein Examen zu bestehen, ein Auto zu kaufen, ein Haus zu bauen, eine Beförderung zu erhalten?

Viele Menschen haben ihre Examina bestanden, sich Autos gekauft und Beförderungen erhalten, aber sie sind nicht in Frieden, fühlen sich nicht erfüllt.

Doch das Wichtigste ist es, mit sich in Frieden zu leben und diesen Frieden mit allen anderen Lebewesen zu teilen.

Um jedoch Frieden finden zu können, mußt du dir jeder deiner Schritte bewußt sein. Dein Gehen ist deine wichtigste Aktivität. Es entscheidet alles.

Ich zünde ein Räucherstäbchen an, lege meine Handflächen zu einer Lotusblüte zusammen und wünsche dir Erfolg.

EIN FRISCHER WINDHAUCH STEIGT AUF VON JEDEM SCHRITT

Am Anfang des Gehmeditationsweges in einem unserer Klöster ist ein großer Stein zu finden, in den fünf Worte gemeißelt sind: *bô, bô, thanh phong khoi.* Das bedeutet: „Ein frischer Windhauch steigt auf von jedem Schritt."

Ist das nicht schön? Dieser frische Windhauch ist Freude, Frieden und Freiheit; er bläst alle Sorgen um Leben und Tod hinweg und bringt uns die Frische des Friedens in unseren Geist zurück.

Wenn du so gehst, kannst du der Welt helfen.

WACH SEIN, UM LOSZULASSEN

Kummer und Sorgen kleben an uns während unseres ganzen Lebens. Wie können wir uns von ihnen befreien? Geh entspannt und sicher; sei wach und entschlossen.

Sei wach, damit du spürst, welch schwere Last an Sorgen und Kummer du mit dir herumträgst. Sei entschlossen, diese Last von dir abzuschütteln.

Kummer und Sorgen kommen auf, wenn du beschäftigt bist mit Vergangenheit und Zukunft.

Wenn wir einmal all unsere Sorgen, unseren Kummer betrachten, sind wir aufgewacht. Laßt uns dann Mitleid haben mit uns selbst.

Wir empfinden Mitleid mit uns, wenn wir merken, wie wir gefangen sind im Gitter der Zeit, wie verfangen in Kummer und Sorgen.

Wenn wir wollen, können wir jetzt alles loslassen; genau so wie wir unsere Regenjacke ausziehen, sie schütteln und alle Regentropfen fallen ab.

LÄCHELN WIE EIN BUDDHA

Läßt du Sorgen und Kummer los, so laß ein Lächeln in dir erblühen, gerade ein ‚Halb-Lächeln', und bewahre dieses ‚Halb-Lächeln' auf deinen Lippen, so wie ein Buddha.

Lerne zu gehen, wie ein Buddha geht; zu lächeln, wie ein Buddha lächelt. Du kannst es. Warum solltest du warten, bis wer weiß wann, um ein Buddha zu werden? Du kannst Buddha sein, gerade jetzt in diesem Moment. In meinem Buch „Das Wunder der Achtsamkeit" habe ich viele Male das ‚Halb-Lächeln' und seine Wohltaten erwähnt.

Dieses ‚Halb-Lächeln' ist nicht nur die Folge von Bewußtheit und Frieden; es ist auch die Kraft, diese zu fördern und zu erhalten. Es ist ein wahres Wunder.

Bitte denke daran, es nicht zu vergessen. Es ist dein Schatz an Glück. Es bringt dir Frieden und Bewußtheit und macht die, die um dich sind, friedvoll und wach.

Die Erde verwandelt es in das ‚Reine Land'.

Während du Gehmeditation übst, erinnere dich bitte daran, dies ‚Halb-Lächeln' zu bewahren. Es macht deine Schritte ruhiger, entspannter und wacher.

EIN LOTOS ERBLÜHT IM HERZEN

DIE KUNST DES ACHTSAMEN LEBENS

Thích Nhât Hanh erzählt in seinem Buch „Ein Lotos erblüht im Herzen“ von einer Busfahrt durch Indien. Das Sitzen im Bus wird ihm zur Übung. Es bedeutet: Wichtig ist nicht, ein bestimmtes Ziel zu erreichen, sondern im gegenwärtigen Moment zu sein, auf Ankunft nicht erst zu warten. Dies bringt nicht nur uns Freude, Frieden, Freiheit und Harmonie. Durch eine solche Haltung des Gegenwärtigseins können auch unsere Vorfahren und die zukünftigen Generationen, die in uns sind, befreit werden. Dies geschieht, wenn wir achtsam einen Schritt machen oder frei und glücklich die Fahrt in einem Bus genießen. Bei solcher Einstellung finden alle früheren und zukünftigen Generationen in uns zur selben Zeit Frieden. Nhât Hanh drückt solche Erfahrungen in seiner poetischen Sprache aus. Seine Grundüberzeugung ist: Wir verändern die Welt wirklich, in diesem Moment, durch unser Halb-Lächeln. Wir vertreiben dadurch die Finsternis des Ärgers und der Wut, des Zweifels und der Verzweiflung. Glück ist einfach: Es besteht darin, daß jeder unserer Schritte Frieden ist. Wir sind auch in dieser Hinsicht „bereits angekommen“. Wenn wir uns gut um unsere Kinder kümmern wollen, müssen wir aufhören zu kämpfen und statt dessen liebevolle Zuneigung üben. Auch im Zusammenleben Erwachsener geht es um solche einfachen Dinge.

WIR SIND ANGEKOMMEN

Eines Tages saß ich in einem Bus in Indien zusammen mit einem Freund, der meinen Besuch dort organisierte. Mein Freund gehörte einer Kaste an, die über Tausende von Jahren diskriminiert wurde. Während ich den Blick aus dem Fenster genoß, bemerkte ich, daß er ziemlich angespannt war. Ich wußte, daß er sich sehr darum bemühte, meinen Aufenthalt möglichst angenehm zu gestalten, und so sagte ich: „Bitte entspanne dich. Der Besuch macht mir bereits viel Freude. Alles ist bestens." Es gab wirklich keinen Grund, sich Sorgen zu machen. Er lehnte sich zurück und lächelte, aber innerhalb weniger Augenblicke war er wieder verkrampft. Wenn ich ihn anschaute, sah ich den Kampf, der sich in ihm als Person und innerhalb der ganzen Kaste seit vier- oder fünftausend Jahren abspielte. Jetzt, da er meinen Besuch organisierte, setzte sich der Kampf in ihm fort. Er konnte sich keine einzige Sekunde entspannen.

Wir alle neigen dazu, uns körperlich und geistig abzuquälen. Wir glauben, Glück könne es nur in der Zukunft geben. Deshalb ist die Übung „Ich bin angekommen" von so großer Bedeutung. Die Erkenntnis, daß wir bereits angelangt sind, daß wir nicht noch weiter reisen müssen, daß wir bereits hier sind, kann uns Frieden und Freude geben. Die Voraussetzungen für unser Glück sind bereits ausreichend vorhanden, wir brauchen uns nur zu erlauben, ganz in der Gegenwart zu stehen, und wir werden sie berühren können.

Im Bus sitzend, erlaubte sich mein Freund immer noch nicht, im gegenwärtigen Moment zu sein. Er sorgte sich darum, wie er es mir behaglich machen könnte, während mir bereits behaglich zumute war. Ich schlug ihm vor, daß er es sich selbst angenehm machen solle; aber es war nicht einfach für ihn, da die Macht der Gewohnheit schon lange wirkte. Selbst als der Bus an der Station angekommen war und wir ausstiegen, konnte sich mein Freund immer noch nicht freuen. Mein gesamter Indienbesuch verlief sehr gut, und seine Organisation der Reise war ein voller Erfolg, doch befürchte ich, daß sich mein Freund bis zum heutigen Tage noch nicht entspannen kann. Wir stehen unter dem Einfluß früherer Generationen unserer Vorfahren und unserer Gesellschaft. Die Übung des Innehaltens und tiefen Schauens dient dazu, dieser Macht der Gewohnheit, die von unseren negativen Samen gestützt wird, Einhalt zu gebieten. Wenn wir es schaffen innezuhalten, tun wir es für sie alle, und wir beenden den Teufelskreis, der *Samsara* genannt wird.

Wir müssen so leben, daß unsere Vorfahren und die zukünftigen Generationen, die in uns sind, befreit werden. Freude, Frieden, Freiheit und Harmonie sind keine persönlichen Angelegenheiten. Wenn wir unsere Vorfahren nicht befreien, werden wir in allen unseren Leben in Knechtschaft verharren, und wir werden dies auf unsere Kinder und Enkel übertragen. Sie alle zu befreien bedeutet, uns selbst zu befreien. Jetzt ist die Zeit, dies zu tun. Dies ist die Lehre vom Ineinander oder Einssein (engl: interbeing). Solange unsere Vorfahren in uns noch leiden, können wir nicht wirklich glücklich sein. Wenn wir achtsam einen Schritt machen – frei, glücklich die Erde berührend –, tun wir dies für alle früheren und zukünftigen Generationen. Sie alle kommen im selben Moment wie wir an. Wir alle finden zur selben Zeit Frieden.

In uns allen ist ein Baby, das wir beschützen müssen. Dieses Kind birgt alle zukünftigen Generationen in sich, und die beste Art, es zu beschützen, ist, die Kunst des achtsamen Lebens zu üben. Selbst bevor unser Baby empfangen wird, ist es schon da. Wenn wir uns jetzt um es kümmern, werden wir bereit sein, wenn der Arzt uns sagt, daß es in unserem Schoß ist.

Im *Avatamsaka Sutra* gibt es eine Geschichte über Mahamaya, die Mutter des Buddha, und über einen jungen Mann namens Sudhana, der gelobt hatte, Erleuchtung zu erlangen. Mahamaya hatte ein achtsames, friedvolles Leben geführt, und ihre heitere Gegenwart war für jeden eine große Freude. Als sie erfuhr, daß sie schwanger war, war sie bereit. Sudhanas Lehrer, Manjushri Bodhisattva, hatte ihn gebeten, mit anderen zusammen zu studieren, um sein Wissen zu erweitern, und so begab sich Sudhana auf eine Pilgerreise. Während dieser traf er mit dreiundfünfzig Lehrern zusammen, unter denen sich Intellektuelle, Arbeiter, Kinder, Mönche, Nonnen, Laienanhänger, Buddhisten und Nichtbuddhisten befanden, was bedeutet, daß wir von einem jeden lernen können. Unter diesen dreiundfünfzig Lehrern war auch Mahamaya.

Sudhana mußte feststellen, daß es nicht einfach war, die Mutter des Buddha zu treffen. Er wurde angewiesen, sehr konzentriert zu meditieren, wenn er sie wirklich sehen wolle. So setzte er sich mit gekreuzten Beinen nieder und übte achtsames Atmen, und plötzlich entsproß direkt vor ihm aus der Erde eine riesengroße Lotosblume mit einhundert Millionen Blütenblättern. Im Nu fand er sich selbst auf einem der Blütenblätter sitzend, das ebenfalls ein riesiger Lotos mit hundert Millionen Blütenblättern war. Direkt vor ihm befand sich Mahamaya, die auf einem anderen Lotos mit gleichfalls einhundert Millionen Blütenblättern saß, und das Blütenblatt, auf dem sie verweilte, war in sich wiederum ein riesenhafter Lotos mit einhundert Millionen Blütenblättern. Sudhana lächelte voller Freude, als er sich vor der Mutter des Buddha verneigte.

Mahamaya konnte erkennen, daß Sudhana Erleuchtung suchte, und sprach zu ihm: „Meine innigsten Segenswünsche, junger Mann. Ich freue mich, dich zu sehen. Ich bin die Mutter aller Buddhas in sämtlichen Welten – in Vergangenheit, Gegenwart und Zukunft." Weiter sagte sie: „Junger Mann, als ich mit Siddhartha, dem Buddha Shakyamuni, schwanger ging, sind aus allen Richtungen des Universums Hunderte Millionen von Buddhas und Bodhisattvas gekommen, um meinem Sohn Respekt zu erweisen. Ich konnte ihnen dies nicht verwehren, und so sind alle zur selben Zeit in meinen Leib eingegangen. Und weißt du, es war mehr als genug Raum für sie alle vorhanden!"

In diesem Moment gelobte Sudhana, Erleuchtung zu erlangen, um alle Wesen erwecken zu können, und gleich darauf nahm er wahr, wie alle Buddhas im Universum ihre Arme ausstreckten, um ihn durch Auflegen ihrer Hände auf sein Haupt zu beglückwünschen, wobei sich ihre Hände nicht behinderten! Wenn jemand gelobt, ein Bodhisattva zu sein, kann sich dies im ganzen Universum auswirken und verspürt werden. Dieses Gelöbnis ist ausreichend, um die Welt zu verändern, und alle Buddhas wissen darum, und so berühren sie sanft dein Haupt und beglückwünschen dich mit einem Lächeln.

Im selben Sutra lesen wir, daß Diamantene Matrix, als er die höchste der zehn Bodhisattva-Ebenen erlangte, eine Belehrung über seine Erfahrungen in der Übung gab. Viele andere Bodhisattvas kamen, um ihm zuzuhören, und im Anschluß an seine Rede erschienen aus allen Bereichen des Universums noch weitere Millionen von Bodhisattvas mit dem Namen Diamantene Matrix und sprachen zu ihm: „Wir gratulieren! Wir heißen ebenfalls Diamantene Matrix, und wir haben genau die gleichen Belehrungen überall im Universum gegeben."

Diese Bilder verdeutlichen das Prinzip des Einsseins – das Eine ist das Viele, und die Vielen sind das Eine. Sich gut um sein Baby zu kümmern bedeutet, sich um alles andere zu kümmern. Im *Avatamsaka Sutra* wird der *Dharmadhatu* als eine Welt des Lichts und des Einsseins beschrieben. Der Mond ist in mir. Meine Geliebte ist in mir. Jene, die mir Leiden zufügen, sind ebenfalls in mir. Unsere Welt der Unterscheidung und des Leidens wird *Lokadhatu* genannt. Es ist eine Welt, in der die Dinge außerhalb voneinander existieren – ich bin außerhalb von dir, und Saddam Hussein ist außerhalb von Präsident Bush. Aber im Dharmadhatu ist Präsident Hussein innerhalb von Präsident Bush, und es gibt keinen Haß und keine Schuldzuweisung. Im Dharmadhatu sind wir im Wunder des Einsseins. Leben und Tod sind ineinander. Niemand fürchtet sich zu sterben, denn sterben bedeutet, zur gleichen Zeit als etwas anderes geboren zu werden. Wenn eine Wolke stirbt, wird sie zu Regen. Um uns selbst zu erhalten, müssen wir in den Dharmadhatu eintreten.

In Wirklichkeit ist der Dharmadhatu nicht verschieden von dem Lokadhatu. Mit einem achtsamen Schritt, in völligem Gewahrsein die Erde berührend, treten wir in den Dharmadhatu ein und werden von Licht umgeben. Wir sind dort alles, es gibt keine Unterscheidung. Alles, was wir für uns tun, ist für andere; alles, was wir für andere tun, ist für uns. Achtsamkeit zu üben bedeutet, sich bestmöglich um das Baby in uns zu kümmern und es in jedem Moment unseres Lebens zur Welt zu bringen. Jeden Moment, den wir wirklich wach sind, wird ein Baby-Buddha geboren. Wenn wir Frieden praktizieren und lächeln können, kann unser Frieden das gesamte Universum beeinflussen. Jeder von uns geht schwanger mit einem Buddha. Jeder besitzt Buddha-Natur. Jeder ist ein werdender Buddha. Wir müssen uns gut um unseren Baby-Buddha kümmern.

Nachdem Siddhartha, der spätere Buddha, aufgewachsen war und einige Jahre Meditation geübt hatte, bei der er tief in seinen Körper, seine Gefühle, Wahrnehmungen, geistigen Bildekräfte und sein Bewußtsein hineinblickte, wurde ihm eines Tages klar, daß er kurz davor stand, einen Durchbruch zu erzielen. Unter einem schönen Pippalabaum meditierend, verspürte er, daß er irgendwann während dieser Nacht die vollkommene Erleuchtung erlangen und zu einem Buddha werden würde. Plötzlich erschien Mara. Mara erscheint manchmal als Zweifel, manchmal als Ärger, als Finsternis, Neid, heftige Begierde oder Verzweiflung. Wenn wir zweifeln oder mißtrauisch sind, ist er zugegen. Wenn wir ärgerlich, irritiert sind oder es uns an Selbstvertrauen mangelt, ist dies Mara. Siddhartha war schon viele Male zuvor von Mara heimgesucht worden, und er wußte, daß Sanftheit die beste Art war, mit ihm umzugehen.

An jenem Tag erschien Mara in Form von Zweifeln. Er sagte: „Was denkst du, wer du bist? Denkst du, du könntest die große Erleuchtung erlangen? Erkennst du nicht, wieviel Dunkelheit, Verzweiflung und Verwirrung es in der Welt gibt? Wie kannst du hoffen, dies alles zu zerstreuen?" Siddhartha lächelte und drückte damit seine große Zuversicht aus. Mara fuhr fort: „Ich weiß, du hast dich geübt, aber hast du auch ausreichend geübt? Wer wird bezeugen, daß du lang und hart genug praktiziert hast? Wer wird bezeugen, daß du Erleuchtung erlangen kannst?" Mara forderte, jemand müsse bestätigen, daß Siddhartha in Begriff war, ein Buddha, ein vollkommen Erwachter, zu werden. In diesem Moment berührte Siddhartha mit seiner rechten Hand den Boden in all seiner Achtsamkeit und sagte: „Die Erde wird es für mich bezeugen." Und plötzlich bebte die Erde und erschien in Gestalt einer Göttin, die ihm Blumen, Blätter, Früchte und Duftstoffe darbrachte. Danach schaute die Erde Mara direkt an, und Mara verschwand einfach.

Selbst nachdem Buddha Erleuchtung erlangt hatte, fuhr Mara fort, ihn zu besuchen. Eines Tages, nachdem er eineinhalb Jahre gelehrt hatte, kehrte der Buddha in seine Heimatstadt Kapilavastu zurück, um seine Einsichten mit seiner Familie und seinem Volk zu teilen. Eines Tages, als er allein dasaß, war er in dem Gedanken versunken, daß es doch zum Regieren eines Landes einen gewaltlosen Weg geben müsse, der dem Volk echtes Glück bringen und jene Leiden vermeiden würde, die durch Gefängnisse, Folter, Hinrichtungen und Kriege entstehen. Plötzlich erschien Mara und sprach zu ihm: „Warum wirst du nicht Politiker? Du kannst deine Weisheit, dein Wissen und deine Talente als Politiker einbringen." Der Buddha sah Mara direkt an und lächelte. „Mara, mein alter Freund, ich kenne dich gut", und Mara verschwand einfach wieder. Der Buddha wollte kein Politiker sein. Er wollte nur Mönch sein, und er wußte, daß es Mara war, der ihn in Versuchung führen wollte, Politiker zu werden. Das einzige, was er tat, war,

Mara zu erkennen und ihn anzulächeln. Wenn wir Mara als Mara erkennen, ist alles in Ordnung.

Von Zeit zu Zeit berühren auch wir die Erde, aber nicht gründlich genug. Als der Buddha die Erde mit seiner Hand berührte, tat er dies mit all seiner Achtsamkeit. Wenn wir in Plum Village von Mara besucht werden – wenn wir uns irritiert fühlen, wenn es uns an Selbstvertrauen mangelt, wenn wir ärgerlich oder unglücklich sind –, üben wir uns in Gehmeditation und berühren dabei innig die Erde mit unseren Füßen. Tun wir dies achtsam und freudvoll, verläßt uns Mara in weniger als einer Stunde.

Die Erde, unsere Mutter, hat uns viele Male das Leben geschenkt und uns jedesmal zurück in ihre Arme genommen. Sie weiß alles über uns, und dies ist der Grund, warum Buddha sie als Zeugin gerufen hat. Sie erschien in Gestalt einer Göttin, die dem Buddha Blumen, Blätter, Früchte und Duftstoffe darbot. Dann schaute sie Mara nur an, lächelte, und Mara verschwand. Mara ist von keiner großen Bedeutung in Gegenwart der Erde. Jedesmal, wenn sich Mara dir nähert, du dich aber an die Erde wendest und sie um Hilfe bittest, indem du sie innig berührst, wie es der Buddha getan hat, wird sie dir Blumen, Früchte, Schmetterlinge und viele andere Geschenke der Natur darbringen, und die Erde wird Mara in einer Weise anblicken, daß er verschwinden wird.

Wir haben so viele Gründe glücklich zu sein. Die Erde ist erfüllt von Liebe zu uns und von Geduld. Wann immer sie uns leiden sieht, wird sie uns beschützen. Mit der Erde als Zuflucht brauchen wir nichts zu fürchten, selbst das Sterben nicht. Schreiten wir achtsam über die Erde, werden wir von den Bäumen, den Büschen, den Blumen und dem Sonnenschein genährt. Die Erde zu berühren ist eine tiefgreifende Übung, die unseren Frieden und unsere Freude wiederherstellen kann. Wir sind Kinder der Erde. Wir verlassen uns auf die Erde, und die Erde verläßt sich auf uns. Ob die Erde schön, belebend und grün oder öde und ausgedörrt ist, hängt von unserer Gehweise ab. Bitte berühre die Erde mit Achtsamkeit, mit Freude und Konzentration. Die Erde wird dich heilen, und du wirst die Erde heilen.

Eine der besten Arten, die Erde zu berühren, ist das Üben der Gehmeditation. Wir schreiten langsam, massieren die Erde, setzen mit jedem Schritt die Samen für Freude und Glück und folgen zur selben Zeit unserem Atem. Wir versuchen nicht, irgendwohin zu gehen. Wir kommen mit jedem Schritt an. Wenn wir einatmen, zählen wir die Anzahl unserer Schritte. Machen wir drei Schritte, sagen wir leise: „Ein, ein, ein." Und wenn wir ausatmen, tun wir das gleiche: „Aus, aus, aus." Machen wir drei Schritte beim Einatmen und vier während wir ausatmen, sagen wir „Aus, aus, aus, aus." Wir hören darauf, was unsere Lungen benötigen, und gehen und atmen entsprechend. Schreiten wir bergauf, werden wir wahrscheinlich bei jedem Atemzug weniger Schritte machen. Beim Gehen bringen wir unsere Aufmerksamkeit in unsere Füße. Wir atmen, als ob wir von unseren Fußsohlen her atmen würden. Wir verweilen nicht in der Sphäre unserer Gedanken und Empfindungen.

Nachdem du „Ein, ein, ein" und „Aus, aus, aus" fünf- oder zehnmal geübt hast, möchtest du vielleicht während des Einatmens „Blume, Blume, Blume" und beim Ausatmen „Frisch, frisch, frisch" praktizieren. Du bekommst Blumesein und Frische von der Erde und aus der Luft. Während du gehst, kannst du die Hand eines Kindes halten. Das Kind wird deine Konzentration und

Festigkeit erhalten, und du wirst seine Unschuld und Frische bekommen. In Plum Village schlug ich den jungen Menschen eine einfache *Gatha* für die Gehmeditation vor. Ich wollte, daß sie auf positive Weise auf das Leben, die Gesellschaft und die Erde reagieren, und so machte ich den Vorschlag, daß sie „Oui, oui, oui" beim Einatmen, und „Merci, merci, merci" beim Ausatmen sagen sollten. Die Kinder mochten dies sehr.

Nachdem du „Blume/frisch" geübt hast, kannst du zu „Berg/unerschütterlich" übergehen. Praktiziere jede Übung so oft du es möchtest, und freue dich dabei über das Gehen und das Nirgendwo-Ankommen, außer im gegenwärtigen Moment. Du kannst die Gehmeditation zwischen geschäftlichen Verabredungen üben oder wenn du vom Auto zum Markt gehst oder zu jeder anderen Gelegenheit. Gewähre dir genug Zeit zum Gehen. Anstelle von drei Minuten erlaube dir acht oder zehn. Ich gebe mir immer eine Extrastunde, wenn ich zum Flughafen muß, so daß ich dort Gehmeditation üben kann. Meine Freunde wollen, daß ich bis zur letzten Minute bei ihnen zu Besuch bleibe, aber ich lehne dies immer ab. Ich sage ihnen, daß ich diese Zeit benötige.

Um die Samen der Achtsamkeit in uns zu stärken, ist es hilfreich, wenn wir manchmal in einem Park oder an einem anderen schönen, ruhigen Ort üben. Wir schreiten langsam, aber nicht zu langsam, denn wir wollen andere nicht auf den Gedanken bringen, mit uns würde etwas nicht stimmen. Dies ist eine Form von unsichtbarer Übung. Wir können uns an der Natur und unserer heiteren Gelassenheit erfreuen, ohne andere sich dabei unbehaglich fühlen zu lassen. Sehen wir etwas, das wir mit unserer Achtsamkeit berühren wollen – den blauen Himmel, die Hügel, einen Baum oder einen Vogel –, halten wir einfach inne; aber während wir dies tun, fahren wir damit fort, aufmerksam ein- und auszuatmen. Wenn wir achtsames Atmen nicht beibehalten, würde sich früher oder später wieder unser Denken einstellen, und der Vogel und der Baum würden verschwinden. Deshalb bleiben wir fortwährend bei unserem Atem. In Plum Village üben wir Gehmeditation immer dann, wenn wir von einem Ort zum anderen gehen, selbst wenn es nur eine kurze Stecke ist. Wann immer ich jemanden aufmerksam dahinschreiten sehe, ist diese Person ein Signal der Achtsamkeit für mich. Wenn ich meine Achtsamkeit verloren habe und die Person sehe, kehre ich sofort wieder zu meiner Aufmerksamkeit zurück. Als Gemeinschaft können wir einander viel helfen.

Es gibt keinen Grund für uns, sich dafür abzukämpfen, irgendwo anzukommen. Wir wissen, daß unser letztendlicher Bestimmungsort der Friedhof ist. Warum beeilen wir uns, dorthin zu gelangen? Warum nicht in die Richtung des Lebens schreiten, das im gegenwärtigen Moment liegt? Wenn wir Gehmeditation auch nur für wenige Tage üben, werden wir doch eine tiefe Wandlung durchlaufen, und wir werden lernen, wie wir in jedem Augenblick unseres Lebens Frieden erfahren können. Wir werden lächeln, und zahllose Bodhisattvas im ganzen Universum lächeln zu uns zurück, weil unser Frieden so tief ist. Alles, was wir denken, was wir fühlen und tun, wirkt sich auf unsere Vorfahren und alle zukünftigen Generationen aus und findet überall im Universum seinen Widerhall. Deshalb hilft unser Lächeln allen. Dies ist die Lehre des *Avatamsaka Sutra.* Um uns gut um unser kleines Kind zu kümmern, müssen wir nur zu kämpfen aufhören. Jeder Schritt ist Frieden. Wir sind bereits angekommen.

DAS GLÜCK EINES MENSCHEN

Die Übung der Achtsamkeit ist nichts anderes als die Übung von liebevoller Zuneigung. Um jene zur Achtsamkeit zu ermutigen, die im Begriff sind, mit einem anderen Menschen zusammenzuleben, habe ich meine Schüler gebeten, mir dabei zu helfen, ein „Institut für das Glück eines Menschen" ins Leben zu rufen. Es wird ein einjähriges Programm und nur einen einzigen Kursus mit dem Motto „tiefer schauen" geben. Ein Jahr lang wird jeder Schüler sich darin üben, tief in sich hineinzuschauen, um all die Blumen und all den Kompost in sich zu entdecken, die nicht nur von ihm stammen, sondern auch von seinen Vorfahren und von der Gesellschaft. Bei Abschluß des Kurses erhält jeder Student ein Diplom, das ihm bescheinigt, daß er oder sie zur Heirat befähigt ist. Ich denke, daß es für alle jungen Paare von Bedeutung ist, eine solche Schulung zu durchlaufen, bevor sie sich auf die Reise des gegenseitigen Entdeckens begeben, die sie in der Ehe machen werden. Wenn Sie sich selbst nicht gut kennengelernt haben und sich nicht die Zeit zum Auflösen der inneren Knoten nehmen konnten, wird das erste Jahr ihrer Ehe schwierig werden.

Wenn wir eine Beziehung eingehen, finden wir das aufregend, sind enthusiastisch und bereit zum Erforschen. Aber wir verstehen uns selbst und den anderen noch nicht sehr gut. Leben wir jeden Tag vierundzwanzig Stunden zusammen, werden wir viele Dinge sehen, hören und erfahren, die wir bisher nicht gesehen haben oder uns vorstellen konnten. Als wir uns verliebten, entwarfen wir ein schönes Bild, das wir auf unseren Partner projizierten, und sind dann etwas schockiert, wenn unsere Illusionen sich auflösen und wir die Realität entdecken. Solange wir nicht wissen, wie wir zusammen Achtsamkeit üben können – indem wir tief in uns selbst und unseren Partner hineinschauen –, werden wir es schwierig finden, unsere Liebe am Leben zu halten.

In der buddhistischen Psychologie bezieht sich das Wort *Samyojana* auf die inneren Bildekräfte, Fesseln oder Knoten. Wenn beispielsweise jemand etwas Unfreundliches zu uns sagt und wir verstehen seine Beweggründe nicht und werden ärgerlich, wird in uns ein Knoten geknüpft. Das mangelnde Verständnis ist die Grundlage für alle inneren Knoten. Üben wir Achtsamkeit, können wir die Fähigkeit erlernen, einen Knoten im gleichen Moment zu erkennen, in dem er in uns geknüpft wird, und Mittel und Wege finden, ihn wieder zu lösen. Sobald sich innere Bildekräfte formen und noch locker geknotet sind, ist unsere ganze Aufmerksamkeit gefordert, denn jetzt fällt die Arbeit des Lösens noch leicht. Lösen wir unsere Knoten nicht gleich bei ihrem Entstehen, werden sie immer enger und fester. Unserem Geist fällt es schwer zu akzeptieren, daß er negative Emotionen wie Ärger, Furcht und Reue in sich birgt, und so findet er Mittel und Wege, diese im hintersten Winkel unseres Bewußtseins zu vergraben. Wir entwickeln ausgefeilte Abwehrmechanismen, nur um die Existenz dieser problematischen Gefühle zu leugnen, aber sie werden immer wieder versuchen, an die Oberfläche zu kommen.

Der erste Schritt, sich mit unbewußten inneren Kräften auseinanderzusetzen, ist der Versuch, sie sich bewußtzumachen. Um Zugang zu ihnen zu bekommen, meditieren wir und üben achtsames Atmen. Sie werden sich vielleicht als Bilder, Gefühle, Gedanken, Worte oder Handlungen offenbaren. Wir mögen ein Gefühl der Ängstlichkeit bemerken und fragen: „Warum fühlte ich mich so unangenehm berührt, als sie das sagte?" Oder: „Warum tue ich das immer wieder?" Oder: „Warum habe ich diese Person in dem Film so gehaßt?" Uns selbst so eingehend zu beobachten, kann innere Strukturen aufdecken. Und wenn wir das Licht unserer Aufmerksamkeit auf sie scheinen lassen, werden sie beginnen, ihr Gesicht zu zeigen. Wir mögen einigen Widerstand verspüren, kontinuierlich auf unsere Gefühle zu schauen, aber wenn wir die Fähigkeit entwickelt haben, ruhig dasitzen und sie beobachten zu können, wird der Ursprung des Knotens sich langsam selbst offenbaren und uns eine Idee eingeben, wie wir ihn auflösen können. Wenn wir uns in solcher Weise üben, werden wir unsere inneren Bildekräfte kennenlernen und Frieden mit uns selbst schließen.

Leben wir mit jemandem zusammen, ist es wichtig, in dieser Weise zu praktizieren. Um das beiderseitige Glück zu schützen, müssen wir es lernen, die inneren Kräfte, die wir zusammen hervorbringen, umzuwandeln, sobald sie entstehen. Eine Frau erzählte mir, daß sie drei Tage nach ihrer Hochzeit mehrere starke innere Prägungen von ihrem Ehemann vermittelt bekam und diese dann dreißig Jahre beibehalten hat. Sie befürchtete, daß es eine Auseinandersetzung geben würde, wenn sie es ihm erzählte. Wie können wir ohne wirkliche Verständigung glücklich sein? Wenn wir in unserem täglichen Leben nicht achtsam sind, säen wir ausgerechnet in dem Menschen, den wir lieben, die Samen für Leiden.

Sind beide Partner jedoch noch unbeschwert und nicht mit zu vielen Knoten angefüllt, ist die Übung nicht schwierig. Gemeinsam schaut man das Mißverständnis an, das der Knoten verursachte, und löst diesen dann. Wenn wir zum Beispiel hören, wie unser Ehemann irgendeine seiner Taten vor seinen Freunden übertreibt, fühlen wir vielleicht, wie der Knoten einer gewissen Respektlosigkeit ihm gegenüber in uns geknüpft wird. Sprechen wir jedoch gleich mit ihm darüber, können wir beide zu einem klaren Einverständnis gelangen, und der Knoten wird leicht aufgelöst werden.

Dieses können wir tun, wenn wir die Kunst des achtsamen Zusammenlebens üben. Wir erkennen, daß die andere Person genau wie wir sowohl Blumen als auch Kompost in sich hat, und wir akzeptieren dies. Unsere Übung besteht darin, das Blumesein des anderen zu wässern und nicht mehr Abfall hinzuzufügen. Wir vermeiden es, zu streiten und uns gegenseitig die Schuld zuzuschieben. Wenn wir versuchen, Blumen zu ziehen und sie nicht richtig gedeihen, werden wir nicht mit ihnen streiten oder ihnen die Schuld dafür geben. Wir selbst werden die Schuld auf uns nehmen, daß wir uns nicht richtig um sie gekümmert haben. Unsere Lebensgefährtin ist eine Blume. Wenn wir uns gut um sie kümmern, wird sie wunderschön wachsen. Wenn wir uns schlecht um sie kümmern, wird sie verwelken. Um einer Blume zu gutem Gedeihen zu verhelfen, müssen wir ihre Natur verstehen. Wieviel Wasser benötigt sie? Wieviel Sonne? Wir schauen tief in uns selbst hinein, um unsere wahre Natur zu erblicken, und wir schauen tief in den anderen, um seine Natur zu erblicken.

„Soheit" ist ein Fachbegriff, der „wahre Natur" bedeutet. Alles hat seine Soheit; sie ist das, als was wir die Phänomene erkennen. Eine Orange besitzt ihre Soheit, aus diesem Grund verwechseln wir sie nicht mit einer Zitrone. In meiner Gemeinschaft kochen wir mit Propangas, und wir kennen seine Soheit. Wir wissen, daß es sehr gefährlich sein kann. Wenn es in den Raum ausströmt, während wir schlafen, und jemand ein Streichholz entzündet, kann es uns töten. Allerdings wissen wir auch, daß Propangas uns dabei helfen kann, ein wundervolles Gericht zu kochen, und dies ist der Grund, warum wir es ins Haus holen, um mit uns friedlich zusammenzuleben.

Ich möchte eine Geschichte über Soheit erzählen. Es gab einmal in der Nervenheilanstalt von Bien Hoa einen Patienten, der ganz normal zu sein schien. Er aß und redete wie jeder andere auch. Allerdings glaubte er, er sei ein Getreidekorn, und immer wenn er ein Huhn sah, rannte er um sein Leben. Er kannte seine Soheit nicht. Als die Krankenschwester dies dem Arzt berichtete, sagte dieser zu dem Patienten: „Sie sind kein Getreidekorn, Sie sind ein Mensch. Sie besitzen Haare, Augen, eine Nase und Arme." In solcher Weise hielt er ihm eine Art Predigt und fragte schließlich: „Können Sie mir nun sagen, was Sie sind?" Der Mann antwortete: „Herr Doktor, ich bin ein Mensch. Ich bin kein Getreidekorn." Der Arzt war glücklich. Er dachte, er hätte diesem Patienten sehr geholfen. Um jedoch sicherzugehen, ließ er den Mann den Satz „Ich bin ein Mensch, ich bin kein Getreidekorn" jeden Tag vierhundertmal wiederholen und zusätzlich dreihundertmal auf ein Blatt Papier schreiben. Der Mann entwickelte dabei großen Eifer und ging überhaupt nicht mehr aus dem Haus. Er blieb den ganzen Tag in seinem Zimmer und wiederholte und schrieb genau das, was der Arzt ihm verordnet hatte. Einen Monat später kam der Arzt, um nach ihm zu sehen, und die Krankenschwester berichtete: „Er macht sich sehr gut. Er bleibt im Haus und führt fleißig die Übungen durch, die

Sie ihm verordnet haben." Der Arzt fragte ihn: „Nun, wie geht es Ihnen?" – „Sehr gut, vielen Dank, Herr Doktor." – „Können Sie mir sagen, wer Sie sind?" – „O ja, Herr Doktor, ich bin ein Mensch. Ich bin kein Getreidekorn."

Der Arzt war hoch erfreut. Er sagte: „Wir werden Sie in einigen Tagen entlassen. Bitte kommen Sie mit mir ins Büro." Als der Arzt, die Krankenschwester und der Patient zusammen zum Büro gingen, kam ein Huhn vorbei, und der Mann lief so schnell davon, daß der Arzt ihn nicht einholen konnte. Es dauerte mehr als eine Stunde, bis die Krankenschwester ihn ins Büro zurückbrachte.

Der Arzt war aufgebracht: „Sie sagten, Sie seien ein Mensch und kein Getreidekorn. Warum sind Sie dann davongelaufen, als Sie das Huhn sahen?" Der Mann entgegnete: „Natürlich weiß ich, daß ich ein Mensch und kein Getreidekorn bin. Aber wie kann ich sicher sein, daß das Huhn das weiß?"

Obwohl dieser Mann sehr hart geübt hatte, konnte er seine wahre Natur, seine Soheit, nicht erkennen, und er verstand auch die Soheit des Huhnes nicht. Jeder von uns besitzt seine eigene Soheit. Wenn wir mit jemandem in Frieden und Glück zusammenleben wollen, müssen wir seine oder ihre und auch unsere eigene Soheit verstehen. Wenn wir sie erst einmal erkannt haben, werden wir keine Probleme haben, friedlich und glücklich zusammenzuleben.

Zu meditieren bedeutet, tief in die Natur der Dinge, einschließlich unserer eigenen Natur und der Natur der Person vor uns, hineinzuschauen. Erkennen wir die wahre Natur jener Person, entdecken wir ihre Probleme, Wünsche, Leiden und Ängste. Wir können uns setzen, die Hand unseres Partners halten, ihn aufmerksam anschauen und sagen: „Liebling, verstehe ich dich gut genug? Begieße ich deine Samen der Leiden? Bewässere ich deine Samen für Glück? Bitte sage mir, wie ich meine Liebe zu dir vertiefen kann." Wenn wir dies von ganzem Herzen sagen, wird er vielleicht anfangen zu weinen, und dies wäre ein gutes Zeichen; denn es bedeutet, daß sich die Tür des Herzens vielleicht wieder öffnet.

Liebevolle Rede ist ein wesentlicher Aspekt der Übung. Jedesmal, wenn der andere etwas gut erledigt hat, sollten wir sie oder ihn beglückwünschen, um so unsere Anerkennung auszudrücken. Dies ist vor allem bei Kindern wichtig. Wir müssen die Selbstachtung unserer Kinder stärken. Alles Gute, was sie sagen und tun, müssen wir wertschätzen und loben, um unsere Kinder in ihrem Wachstum zu fördern. Wir betrachten die Dinge nicht als selbstverständlich. Wenn unsere Mitmenschen Talent oder die Fähigkeit entwickeln, zu lieben und Freude zu schenken, müssen wir uns dies bewußtmachen und unsere Anerkennung zum Ausdruck bringen. So bewässern wir die Samen des Glücks. Wir sollten es vermeiden, destruktive Dinge zu sagen wie: „Ich bezweifle, daß du dies tun kannst." Statt dessen sagen wir: „Dies ist schwierig, Liebling, aber ich glaube, daß du es schaffen kannst." Diese Art der Rede stärkt den anderen.

Wenn irgendein Problem auftritt und wir ruhig bleiben, können wir es in einer herzlichen und gewaltfreien Weise bis ins letzte durchsprechen. Sind wir jedoch nicht ruhig genug, sollten wir auf die Aussprache verzichten. Wir beschränken uns darauf, nur zu atmen. Wenn nötig, üben wir Gehmeditation in der frischen Luft und schauen dabei die Bäume, die Wolken und den Fluß an. Sobald wir ruhig sind und die Sprache der liebenden Güte sprechen, können wir miteinander reden. Wenn während unserer Unterhaltung wieder ein Gefühl von Ärger aufkommt, halten wir inne und atmen nur. Dies ist Achtsamkeit.

Jeder von uns muß sich wandeln und wachsen. Wenn wir heiraten, können wir das Versprechen ablegen, uns gemeinsam zu wandeln und zu wachsen, um so die Früchte unserer Übung miteinander zu teilen. Sind wir als Paar glücklich und leben verständnisvoll und harmonisch zusammen, ist es für uns ein leichtes, unser Glück und unsere Freude auf viele Menschen auszudehnen. Auch für jene, die schon zehn oder zwanzig Jahre verheiratet sind, ist diese Art der Übung von Bedeutung. Du kannst dich auch in unserem Institut einschreiben und die Übung, in Achtsamkeit zu leben und voneinander zu lernen, weiter entfalten. Du magst vielleicht denken, du wüßtest schon alles über deinen Ehepartner, aber dies ist nicht wahr. Physiker studieren ein Elektron über Jahre hinweg und behaupten dennoch nicht, sie verstünden es ganz. Wie kannst du da denken, du wüßtest alles über einen Menschen? Achtest du beim Autofahren nur auf deine eigenen Gedanken, so kannst du deine Partnerin nicht wahrnehmen. Wenn du sie weiter so behandelst, wird sie langsam sterben. Sie braucht deine Aufmerksamkeit, deine Pflege, deine Fürsorge.

Wenn die Dinge zu schwierig werden, neigen wir dazu, an Scheidung zu denken. Ich hoffe jedoch, daß du dich statt dessen bemühst, deine Ehe zu bewahren, und mit größerer Harmonie und gewachsenem Verständnis zu deiner Ehefrau zurückkehrst. Viele Menschen lassen sich drei- oder viermal scheiden und begehen doch immer wieder die gleichen Fehler. Wenn ihr euch die Zeit nehmen könnt, die Tür der Verständigung, die Tür eurer

Herzen zu öffnen und eure Leiden und Träume miteinander zu teilen, tut ihr dies nicht nur für euch selbst, sondern für eure Kinder und für uns alle.

In Plum Village führen wir jede Woche eine Zeremonie durch, die „Neubeginn" genannt wird. Am „Institut für das Glück eines Menschen" werden wir dies ebenfalls üben. Während dieser Zeremonie sitzen alle Mitglieder der Gemeinschaft in einem Kreis, in dessen Mitte sich eine Vase mit frischen Blumen befindet. Während wir darauf warten, daß der Leiter beginnt, folgt ein jeder von uns seinem eigenen Atem. Die Zeremonie hat drei Phasen: das Blumengießen, das Bedauern zum Ausdruck bringen und das Mitteilen von Kränkungen und Schwierigkeiten.

Diese Übung hilft zu verhindern, daß sich Gefühle des Verletztseins wochenlang aufstauen, und sie hilft, das Leben für jeden in der Familie oder der Gemeinschaft sicher zu gestalten.

Wir beginnen mit dem Blumengießen. Wenn eine der anwesenden Personen bereit ist zu sprechen, legt sie die Handflächen zusammen, woraufhin die anderen das gleiche tun, um zu zeigen, daß es rechtens ist, wenn sie spricht. Dann steht die Betreffende auf, geht langsam zu der Blume, nimmt die Vase in die Hände und kehrt zu ihrem Platz zurück. Wenn sie spricht, spiegeln ihre Worte die Frische und Schönheit der Blume in ihren Händen wider. Während des Wässerns der Blume würdigt jeder Sprecher die heilsamen, wundervollen Eigenschaften der anderen. Dies ist keine Schmeichelei, wir sagen immer die Wahrheit. Jeder besitzt Stärken, die mit Bewußtheit erkannt werden können. Keiner darf die Person unterbrechen, die die Blume hält. Sie darf so lange sprechen wie nötig, und alle anderen üben sich darin, mit tiefer Aufmerksamkeit zuzuhören. Ist sie fertig, steht sie auf und bringt die Vase langsam wieder in die Mitte des Raumes zurück.

Im zweiten Teil der Zeremonie bekunden wir unsere Reue über jede Handlung, mit der wir anderen weh getan haben. Es bedarf nur eines gedankenlosen Satzes, um jemanden zu verletzen. Die Zeremonie des Neubeginns gibt uns die Möglichkeit, uns wieder an etwas Bedauerliches, das wir kürzlich getan haben, zu erinnern und es zurückzunehmen. Im dritten Teil der Zeremonie bringen wir zum Ausdruck, wie andere uns verletzt haben. Hier ist liebevolle Redeweise entscheidend. Wir wollen die Gemeinschaft heilen und ihr keinen Schaden zufügen. Wir sprechen offen, aber es liegt nicht in unserem Interesse, destruktiv zu sein. Die Meditation des Zuhörens ist ein wichtiger Bestandteil der Übung. Wenn wir im Kreis von Freunden sitzen, die sich alle darin üben, mit äußerster Aufmerksamkeit zuzuhören, wird unsere Rede schöner und dienlicher. Wir beschuldigen oder streiten niemals.

Mitfühlendes Zuhören ist entscheidend. Wir hören mit der Bereitschaft zu, die Leiden der anderen Person zu mindern, nicht, um sie zu verurteilen oder Auseinandersetzungen mit ihr zu führen. Wir hören mit unserer ganzen Aufmerksamkeit zu. Selbst wenn wir etwas vernehmen, das unwahr ist, hören wir weiterhin intensiv zu, so daß sie ihren Schmerz ausdrücken und ihre inneren Spannungen lösen kann. Wenn wir ihr antworten oder sie korrigieren, wird die Übung keine Früchte tragen. Wir hören lediglich zu. Wenn wir der anderen Person mitteilen müssen, daß ihre Wahrnehmung nicht richtig war, können wir dies einige Tage später in Ruhe und unter vier Augen tun. Vielleicht wird sie dann bei der nächsten Sitzung des Neubeginns von sich aus ihren Fehler berichtigen, und wir brauchen überhaupt nichts zu sagen.

Wir beschließen die Zeremonie mit einem Lied oder indem wir uns alle im Kreis an den Händen fassen und eine Minute lang achtsam atmen. Manchmal enden wir mit einer Umarmungsmeditation. Danach fühlen wir uns immer leicht und befreit, selbst wenn wir nur einen vorbereitenden Schritt in Richtung Heilung getan haben. Nun sind wir zuversichtlich, daß wir, nachdem wir begonnen haben, auch weitermachen können. Die Übung des Neubeginns geht bis in die Zeit des Buddha zurück. Seine Mönchs- und Nonnengemeinschaften übten dies am Abend eines jeden Voll- und Neumonds.

Die Meditation des Umarmens hingegen habe ich selbst erfunden. Das Umarmen lernte ich zum erstenmal 1966 in Atlanta. Eine Dichterin brachte mich zum Flughafen und fragte mich dann: „Ist es gestattet, einen buddhistischen Mönch zu umarmen?" In meinem Heimatland ist es nicht üblich, sich in der Öffentlichkeit so zu verhalten, aber ich dachte: „Ich bin ein Zenlehrer. Das Umarmen sollte kein Problem für mich sein." So sagte ich: „Warum nicht?" Und so umarmte sie mich, aber ich selbst verhielt mich dabei ziemlich steif. Im Flugzeug entschloß ich mich dann, daß ich, wenn ich mit Freunden im Westen arbeiten wollte, auch die westliche Kultur erlernen müsse. Das ist der Grund, warum ich die Meditation des Umarmens erfunden habe.

Diese Meditation ist eine Verbindung von Ost und West. Wenn du jemanden umarmst, mußt du dies entsprechend der Übung wirklich, das heißt mit voller Überzeugung tun. Du mußt ihn oder sie in deinen Armen sehr real werden lassen. Du tust dies nicht nur, um den Schein zu wahren, du klopfst dem anderen nicht nur zwei- oder dreimal auf den Rücken, um vorzugeben, daß du da seist. Du bist tatsächlich anwesend, und so brauchst du nichts vorzutäuschen. Während der Umarmung atmest du bewußt, und du umarmst mit deinem ganzen Körper, mit deinem ganzen Geist und von ganzem Herzen. „Beim Einatmen weiß ich, daß mein Liebster in meinen Armen ist – lebendig. Ausatmend weiß ich, wie kostbar er mir ist." Während du den anderen hältst und dreimal ein- und ausatmest, wird er in deinen Armen ganz wahrhaft, und ebenso wirst du es. Wenn du jemanden liebst, willst du, daß er glücklich ist. Ist er nicht glücklich, gibt es auch für dich keine Möglichkeit, glücklich zu sein. Glück ist keine individuelle Angelegenheit. Wahre Liebe erfordert tiefes Verständnis. Tatsächlich ist Liebe ein anderer Name für Verständnis. Wenn du nicht verstehst, kannst du auch nicht richtig lieben. Ohne Verständnis wird deine Liebe dem anderen nur Leiden bringen.

In Südostasien haben viele Menschen eine besondere Vorliebe für eine große Frucht mit vielen Dornen, die „Durian" genannt wird. Man kann sogar sagen, daß sie süchtig danach sind. Sie riecht außerordentlich stark, und einige Leute legen die Schale unter ihr Bett, wenn sie die Frucht aufgegessen haben, so daß sie sie weiter riechen können. Mir selbst ist der Geruch von Durianfrüchten zuwider.

Als ich eines Tages allein in meinem Tempel in Vietnam rezitierte, traf es sich, daß sich eine Durianfrucht, die dem Buddha dargebracht worden war, auf dem Altar befand. Ich versuchte das *Lotos Sutra* zu rezitieren und verwendete eine hölzerne Trommel und eine große Glocke, die die Form einer Schüssel hatte, zur Begleitung, aber ich konnte mich überhaupt nicht konzentrieren. Ich entschloß mich schließlich, die Glocke über die Durianfrucht zu stülpen und sie einzuschließen, damit ich das Sutra rezitieren konnte. Ganz zum Schluß verneigte ich mich dann vor dem Buddha und befreite die Frucht. Wenn du zu mir sagen würdest: „Ich liebe dich so sehr, ich möchte, daß du ein bißchen von dieser Durianfrucht ißt", würde ich leiden. Du liebst mich, du möchtest, daß ich glücklich bin, aber du zwingst mich, die Durianfrucht zu essen. Dies ist ein Beispiel für Liebe ohne Verständnis. Deine Absicht ist gut, aber du hast nicht das richtige Verständnis.

Um richtig zu lieben, mußt du verstehen. Verstehen heißt, die Tiefe der Dunkelheit, den Schmerz und die Leiden der anderen Person zu erkennen. Wenn du dies nicht siehst, wird sie um so mehr leiden, je mehr du für sie tust. Glück zu erschaffen ist eine Kunst. Wenn du während der Kindheit beobachtet hast, wie deine Mutter oder dein Vater deine Familie glücklich machte, konntest du davon lernen. Wenn deine Eltern dies aber nicht verstanden, weißt du vielleicht genausowenig, wie man das erreicht. Deshalb müssen wir in unserem Institut die Kunst lehren, wie man andere glücklich macht. Zusammenzuleben ist eine Kunst. Trotz guten Willens kannst du deinen Partner ziemlich unglücklich machen. Kunst ist die Essenz des Lebens. Wir müssen in unserer Rede und in unseren Handlungen kunstvoll sein. Das Herz der Kunst ist Achtsamkeit.

Wenn du dich zum erstenmal verliebst, fühlst du dich an den anderen sehr gebunden; dies ist noch keine richtige Liebe. Wirkliche Liebe bedeutet liebende Güte und Mitgefühl – Liebe, die bedingungslos ist. Ihr bildet eine Zweiergemeinschaft, um Liebe zu üben, sich umeinander zu kümmern, dem Partner dabei zu helfen aufzublühen und Glück in dieser kleinen Gemeinschaft real werden zu lassen. Aufgrund eurer gegenseitigen Liebe und indem du die Kunst erlernst, einen Menschen glücklich zu machen, beginnst du, deine Liebe für die gesamte Menschheit und für alle Wesen auszudrücken. Bitte hilf uns dabei, den Lehrplan für das „Institut für das Glück eines Menschen" zu entwickeln. Warte nicht, bis wir die Schule eröffnen. Du kannst sofort mit der Übung beginnen.

ICH PFLANZE EIN LÄCHELN

DER WEG DER ACHTSAMKEIT

Wir können es immer wieder erleben: Der gegenwärtige Moment ist ein wunderbarer Moment. Weniger intellektuelle und willensmäßige Fixierung, das Loslassen, der Verzicht auf das Habenwollen, – das stärkt unser Sein, jeden Moment. Nhât Hanh gibt Hinweise darauf, wie wirkliches Bewußtsein eine Brücke zwischen Körper und Geist bauen kann. Wahres Sitzen zum Beispiel geht überall. Wir müssen nur genau hinsehen und die Kunst des achtsamen Lebens üben. Dann hat auch unser Streben nach Ökologie Tiefe und Sinn. Es bleibt nicht isoliert, sondern formt allumfassend unser Bewußtsein. Wir erkennen, wie wir alle miteinander und wie wir mit allem Sein verbunden sind: Versöhnung durchströmt unsere Seele. Mitleid mit allen Wesen entsteht. Unsere Liebe wird aktiv und fließt wie ein Fluß, klar und still, in diesem Augenblick langsam zum Ozean hin. Wir nehmen Wolken und Mond in die Hände und üben die Meditation im Gehen. Langsam kommt das verlorene Lächeln zurück, das der Löwenzahn für uns aufbewahrte – und wir lächeln gemeinsam. Aus solcher Erfahrung kann Gelassenheit strömen und bleibendes Glück erwachsen. Dahin also kann der Weg führen, wenn wir Achtsamkeit leben: Leben wird zum Geschenk.

VIERUNDZWANZIG BRANDNEUE STUNDEN

Jeden Morgen beim Aufwachen haben wir vierundzwanzig brandneue Stunden zu leben. Ein köstliches Geschenk! Wir sind imstande, auf eine Art und Weise zu leben, die uns und anderen Frieden, Freude und Glück bringen kann.

Frieden ist doch hier und jetzt gegenwärtig, in uns selbst und in allem, was wir tun und sehen. Die Frage ist nur, ob wir mit ihm in Fühlung sind. Wir müssen nicht weit fortreisen, um uns über den blauen Himmel zu freuen. Wenn wir uns über die Augen eines Kindes freuen wollen, brauchen wir nicht erst unsere Stadt oder die engere Umgebung zu verlassen. Selbst die Luft, die wir atmen, kann uns eine Quelle der Freude sein.

Wir können auf eine Weise lächeln, atmen, gehen und unser Essen zu uns nehmen, die uns mit der Fülle des verfügbaren Glücks in Berührung bringt. Wir sind Meister im Vorbereiten auf das Leben, doch das eigentliche Leben gelingt uns nicht so gut. Wir können zehn Jahre für ein Diplom opfern und sind bereit, für einen Job, ein Auto, ein Haus oder etwas anderes sehr hart zu arbeiten. Es fällt uns aber schwer, daran zu denken, daß wir in diesem Moment lebendig sind, dem einzigen, in dem wir überhaupt lebendig sein können. Jeder Atemzug, jeder Schritt, den wir tun, kann mit Frieden, Freude und Gelassenheit erfüllt sein. Wir müssen nur wach sein und im Augenblick leben.

Dieser Text soll eine Glocke sein, die Achtsamkeit weckt, eine Erinnerung daran, daß Glück nur im gegenwärtigen Augenblick möglich ist. Für die Zukunft zu planen, gehört natürlich zum Leben. Doch selbst das Planen kann nur im Augenblick stattfinden. Diese Texte laden dich ein, zum gegenwärtigen Moment zurückzukommen und Frieden und Freude zu finden. Ich bringe einige meiner Erfahrungen und eine Anzahl von Praktiken mit, die womöglich hilfreich für dich sind. Warte mit dem Friedenfinden bitte nicht bis zum Ende der Lektüre. Frieden und Glück sind jeden Moment erreichbar. Frieden ist jeder Schritt. Wir werden Hand in Hand gehen. Gute Reise!

DER LÖWENZAHN HAT MEIN LÄCHELN

Wenn ein Kind lächelt, wenn Erwachsene lächeln – wie wichtig ist das! Wenn wir im täglichen Leben lächeln, friedfertig und glücklich sein können, hilft das nicht bloß uns, sondern allen. Wenn wir wirklich wissen, was Leben heißt, können wir den Tag kaum besser als mit einem Lächeln beginnen, nicht wahr? Unser Lächeln bestärkt uns in der Bewußtheit und im Entschluß, in Frieden und Freude zu leben. Die Quelle eines wahren Lächelns ist ein erwachter Geist.

Was kannst du tun, um beim Aufwachen das Lächeln nicht zu vergessen? Du kannst dir eine Erinnerungshilfe – zum Beispiel einen Zweig, ein Blatt, ein Bild oder ein paar inspirierende Worte – an dein Fenster oder die Decke über deinem Bett hängen, die du beim Wachwerden bemerkst. Hast du erst einmal Übung im Lächeln, brauchst du vielleicht keine Erinnerung mehr. Du wirst lächeln, sobald du einen Vogel singen hörst oder das Sonnenlicht durch das Fenster strömen siehst. Lächeln hilft dir, den Tag mit Sanftheit und Verständnis anzugehen.

Wenn ich jemand lächeln sehe, weiß ich sofort, daß er oder sie in einem erwachten Zustand verweilt. Wie viele Künstler haben sich bemüht, dieses halbe Lächeln auf die Lippen unzähliger Statuen und Bilder zu zaubern? Ich bin sicher, die Gesichter der Bildhauer und Maler zeigten dasselbe Lächeln, als sie ihre Werke schufen. Kannst du dir vorstellen, daß ein schlechtgelaunter Maler solch ein Lächeln schaffen kann? Das Lächeln der Mona Lisa ist leicht, ist nur der Hauch eines Lächelns. Doch selbst dieses Lächeln genügt, um alle Muskeln in unserem Gesicht zu entspannen, um alle Sorgen und die ganze Erschöpfung zu vertreiben. Die zarte Knospe eines Lächelns auf unseren Lippen nährt die Bewußtheit und beruhigt uns wie durch ein Wunder. Es bringt uns den Frieden zurück, den wir verloren glaubten.

Unser Lächeln wird uns und jenen, die um uns sind, Glück bringen. Wir können eine Menge Geld für Geschenke für alle Mitglieder unserer Familie ausgeben – doch nichts, was wir kaufen, kann ihnen soviel Glück bringen wie das Geschenk unserer Bewußtheit, unseres Lächelns. Und dieses wertvolle Geschenk kostet nichts. Am Ende eines Retreats in Kalifornien schrieb eine Freundin dieses Gedicht:

Ich habe mein Lächeln verloren,
aber keine Sorge.
Der Löwenzahn hat es.

Solltest du dein Lächeln verloren haben und trotzdem noch bemerken, daß ein Löwenzahn es für dich aufhebt, ist die Lage nicht hoffnungslos. Noch bist du achtsam genug, das Lächeln dort zu sehen. Du brauchst nur ein- oder zweimal bewußt zu atmen, und du wirst dein Lächeln wiedererlangen. Der Löwenzahn gehört zur Gemeinschaft deiner Freunde! Er ist da, recht zuverlässig, und bewahrt dein Lächeln für dich auf. Du brauchst dich nicht isoliert zu fühlen! Öffne dich einfach der Unterstützung, die überall um dich her und in dir selbst ist! Wie die Freundin, die sah, daß ihr Lächeln vom Löwenzahn aufgehoben wurde, kannst du Bewußtheit einatmen, und dein Lächeln wird zurückkehren.

BEWUSSTES ATMEN

Es gibt eine Reihe von Atemtechniken, mit deren Hilfe du das Leben intensiver und schöner gestalten kannst. Die Anfangsübung ist sehr einfach. Wenn du einatmest, sagst du dir: „Beim Einatmen weiß ich, daß ich einatme." Und wenn du wieder ausatmest, sagst du: „Beim Ausatmen weiß ich, daß ich ausatme." Das genügt. Du nimmst dein Einatmen als Einatmen und dein Ausatmen als Ausatmen wahr. Du brauchst dir gar nicht den ganzen Satz vorzusagen. Die beiden Worte „Ein" und „Aus" genügen schon. Diese Technik ist dir eine Hilfe, bewußt in Fühlung mit dem Atem zu sein. Während des Übens wird dein Atem ebenfalls ruhig und sanft werden. Körper und Geist werden dann ebenfalls ruhig und sanft. Die Übung ist nicht schwer. In einigen wenigen Minuten wird dir klar, welche Früchte die Meditation trägt.

Einatmen und Ausatmen ist sehr wichtig und noch dazu genußreich. Unsere Atmung verbindet unseren Körper und unseren Geist. Manchmal denkt unser Kopf an irgend etwas, und unser Körper macht etwas anderes; Geist und Körper sind dann keine Einheit. Durch unsere Einstimmung auf den Atem, das „Ein" und „Aus", bringen wir Körper und Geist erneut zusammen und werden wieder eins. Bewußtes Atmen baut eine wichtige Brücke.

Atmen ist für mich ein Genuß, den ich nicht missen mag. Jeden Tag übe ich bewußtes Atmen, und in meinen kleinen Meditationsraum habe ich diesen Satz als Kalligraphie geschrieben: „Atme, du lebst!" Einfach zu atmen und zu lächeln kann uns sehr glücklich machen, denn wenn wir bewußt atmen, finden wir ganz zu uns zurück und begegnen dem Leben im gegenwärtigen Moment.

GEGENWÄRTIGER MOMENT, WUNDERBARER MOMENT

Bei der Unruhe unserer Gesellschaft ist es ein großes Glück, von Zeit zu Zeit bewußt zu atmen. Wir können das bewußte Atmen nicht nur üben, wenn wir im Meditationsraum sitzen, sondern auch bei der Arbeit im Büro oder zu Hause, beim Autofahren oder im Bus, wo wir auch sein mögen, zu jeder Tageszeit.

Es gibt so viele Übungen, die uns beim bewußten Atmen helfen können. Außer der einfachen Übung mit dem „Ein – Aus" können wir die folgenden vier Zeilen still in uns sprechen, während wir ein- und ausatmen:

Beim Einatmen schenke ich meinem Körper Ruhe.
Beim Ausatmen lächle ich.
Ich verweile im gegenwärtigen Moment
Und weiß, es ist ein wunderbarer Moment.

Beim Einatmen schenke ich meinem Körper Ruhe. Diese Zeile zu sprechen, ist wie ein Glas kühle Limonade an einem heißen Tag zu trinken – du kannst spüren, wie sich die Kühle in deinem Körper ausbreitet. Wenn ich einatme und die Zeile spreche, fühle ich tatsächlich, wie mein Atem Körper und Geist beruhigt.

Beim Ausatmen lächle ich. Du weißt, ein Lächeln kann Hunderte von Gesichtsmuskeln entspannen. Ein Lächeln auf deinem Gesicht ist ein Zeichen, daß du Meister deiner selbst bist.

Ich verweile im gegenwärtigen Moment. Während ich hier sitze, denke ich an nichts anderes. Ich sitze hier und weiß genau, wo ich bin.

Und weiß, es ist ein wunderbarer Moment. Es ist eine Freude, fest und bequem dazusitzen und zu unserem Atem, unserem Lächeln, unserer wahren Natur zurückzukehren. Im gegenwärtigen Moment sind wir mit dem Leben verabredet. Wenn wir *eben jetzt* nicht in Frieden und Freude sind, wann wollen wir sie dann spüren – morgen oder übermorgen? Was hindert uns, *genau jetzt* glücklich zu sein? Während wir unserem Atem folgen, können wir einfach zu uns sprechen: „Beruhigen, lächeln, gegenwärtiger Moment, wunderbarer Moment."

Diese Übung ist nicht bloß für Anfänger geeignet. Viele von uns, die sich vierzig oder fünfzig Jahre lang in Meditation und bewußtem Atmen geschult haben, machen damit weiter, weil diese Art von Übung so wesentlich und einfach ist.

WENIGER DENKEN

Während wir bewußtes Atmen üben, wird sich unser Denkprozeß verlangsamen, und wir können uns wirklich eine Ruhepause gönnen. Die meiste Zeit denken wir zuviel, und achtsames Atmen hilft uns, ruhig, entspannt und friedvoll zu sein. Mit seiner Hilfe hören wir auf, soviel zu denken, und dem Kummer der Vergangenheit, den Sorgen über die Zukunft ausgeliefert zu sein. Es ermöglicht uns, in Fühlung mit dem Leben zu sein, das im gegenwärtigen Moment wunderbar ist.

Natürlich ist Denken wichtig, aber eine Menge von dem, was wir denken, ist unnütz. Es ist, als hätten wir alle in unseren Köpfen Kassettenrekorder, die ständig laufen, Tag und Nacht. Wir denken an dieses oder jenes, und wir können nur schwer damit aufhören. Ein Gerät können wir einfach ausschalten, indem wir die Stopptaste drücken. Beim Denken fehlt uns solch ein Knopf. Wir können uns so viele Gedanken und Sorgen machen, daß wir nicht mehr schlafen können. Wenn wir den Arzt um ein paar Schlaftabletten oder Beruhigungsmittel bitten, verschlimmern die unsere Situation möglicherweise, weil wir in einem solchen Schlaf keine echte Ruhe finden; und nehmen wir derartige Medikamente dauernd, werden wir vielleicht abhängig von ihnen. Unser Leben ist weiterhin voller Spannungen, und wir leiden wahrscheinlich unter Alpträumen.

Bei der Methode des bewußten Atmens hören wir beim Ein- und Ausatmen mit dem Denken auf, da das Sprechen von „Ein" und „Aus" kein Denken ist – „Ein" und „Aus" sind lediglich Wörter, die uns helfen, uns auf den Atem zu konzentrieren. Wenn wir ein paar Minuten auf diese Weise weiter ein- und ausatmen, fühlen wir uns recht erfrischt. Wir erholen uns und können allem Schönen begegnen, das uns im gegenwärtigen Moment umgibt. Die Vergangenheit ist vorbei, die Zukunft noch nicht eingetroffen. Wenn wir im gegenwärtigen Moment nicht zu uns selbst zurückkehren, können wir nicht in Fühlung mit dem Leben sein.

Wenn wir mit den erfrischenden, friedvollen und heilsamen Elementen in uns selbst und unserer Umgebung in Fühlung sind, lernen wir dies alles zu schätzen und zu schützen und weiter wachsen zu lassen. Diese Elemente des Friedens sind jederzeit erreichbar.

JEDEN MOMENT BEWUSSTSEIN STÄRKEN

Eines kalten Winterabends kehrte ich von einem Spaziergang über die Hügel zurück und sah, daß alle Türen und Fenster meiner Klause aufgeflogen waren. Als ich losgegangen war, hatte ich sie nicht verriegelt, und ein kalter Wind war durchs Haus geweht, hatte die Fenster aufgestoßen und die Papiere auf meinem Schreibtisch im Zimmer verteilt. Sofort schloß ich Türen und Fenster, machte eine Lampe an, hob die Papiere auf und ordnete sie säuberlich auf meinem Schreibtisch. Dann entzündete ich ein Feuer im Kamin, und schon bald brachten die knisternden Scheite wieder Wärme ins Zimmer.

Manchmal fühlen wir uns in einer Menschenmenge erschöpft, kalt und einsam. Wir möchten uns gern zurückziehen, allein sein und wieder warm werden wie ich, als ich die Fenster schloß, mich ans Feuer setzte und vor dem feuchten, kalten Wind geschützt war. Unsere Sinne sind unsere Fenster zur Welt, und gelegentlich wehen die Winde herein und bringen alles in uns durcheinander. Einige von uns lassen die Fenster die ganze Zeit offen und gestatten es den Bildern und Klängen der Welt, in uns einzufallen, uns zu erfassen und unser trauriges, geplagtes Ich bloßzulegen. Wir fühlen uns so kalt, einsam und erschrocken. Ertappst du dich manchmal dabei, daß du dir eine schreckliche Fernsehsendung ansiehst und unfähig bist, sie auszuschalten? Die groben Geräusche, die knatternden Waffen bringen uns durcheinander. Trotzdem stehst du nicht auf und schaltest aus. Warum quälst du dich so? Möchtest du deine Fenster nicht schließen? Fürchtest du dich vor der Abgeschiedenheit – vor Leere und Einsamkeit, auf die du treffen könntest, wenn du dir allein gegenüberstehst?

Sehen wir uns ein schlechtes Fernsehprogramm an, *werden* wir zu diesem Programm. Wir sind, was wir fühlen und wahrnehmen. Sind wir wütend, *sind* wir die Wut. Lieben wir, *sind* wir Liebe. Betrachten wir einen schneebedeckten Gipfel, *sind* wir der Berg. Wir können alles sein, was wir wollen; weshalb machen wir unsere Fenster für schlechte Fernsehsendungen auf, die von sensationsgierigen Produzenten, die auf schnelles Geld aus sind, hergestellt wurden? Weshalb sehen wir uns Programme an, die zu Herzklopfen und geballten Fäusten führen und uns erschöpft zurücklassen? Wer läßt zu, daß solche Sendungen gemacht werden, daß selbst kleine Kinder zusehen können? Wir natürlich! Wir sind zu anspruchslos und ohne weiteres bereit, uns alles anzusehen, was über die Mattscheibe flimmert. Wir sind zu einsam, zu träge oder zu gelangweilt, um selbst unser Leben zu gestalten.

Wir schalten den Fernsehapparat ein, lassen ihn laufen und erlauben, daß andere Menschen uns führen, formen und zerstören. Wenn wir uns derart verlieren, legen wir unser Geschick in die Hände anderer, die womöglich verantwortungslos handeln. Wir müssen aufpassen, welche Sendungen unserem Nervensystem und Geist, unserem Herzen schaden – und welche uns guttun.

Natürlich spreche ich nicht vom Fernsehkonsum allein. Wie viele Fallen warten nicht überall auf uns, gestellt von unseren Mitmenschen und nicht zuletzt von uns selbst? Wie oft sorgen sie nicht schon an einem einzigen Tag dafür, daß wir verwirrt werden und uns verzetteln? Wir müssen sehr aufmerksam sein, wenn wir unser Schicksal in die Hand nehmen und unseren Frieden bewahren wollen. Ich meine damit nicht, daß wir einfach alle unsere Fenster schließen, denn in der Welt, die wir „draußen" nennen, gibt es viele Wunder. Wir können unsere Fenster diesen Wundern öffnen und jedes einzelne bewußt betrachten. Auch wenn wir an einem klaren, strömenden Bach sitzen, schöner Musik zuhören oder uns einen hervorragenden Film ansehen, brauchen wir uns auf diese Weise nicht gänzlich an den Bach, die Musik oder den Film zu verlieren. Wir können weiter bewußt bei uns und unserem Atem bleiben. Mit der strahlenden Sonne der Bewußtheit in uns können wir den meisten Gefahren entgehen. Der Bach wird klarer, die Musik harmonischer und die Seele des Filmemachers gänzlich sichtbar sein.

Als Anfänger in der Meditation möchten wir vielleicht die Stadt hinter uns lassen und aufs Land gehen, damit sich die Fenster leichter schließen lassen, die unserem Geist lästig sind. Dort können wir eins werden mit dem stillen Wald und uns wiederfinden und wiederherstellen, ohne vom Chaos der „äußeren Welt" mitgerissen zu werden. Der frische und ruhige Wald hilft uns, in der Bewußtheit zu bleiben, und wenn sie fest eingewurzelt ist und wir sie ohne Schwanken bewahren können, verspüren wir vielleicht den Wunsch, in die Stadt zurückzukehren, die uns dann weniger lästig sein wird. Manchmal können wir aber die Stadt nicht verlassen. Wir sind dann gezwungen, die erfrischenden und friedvollen, für uns heilsamen Elemente mitten im unruhigen Leben zu entdecken. Vielleicht möchten wir einen guten Freund besuchen, der uns Ruhe schenken kann, oder im Park spazierengehen, um die Bäume und den leichten Wind zu genießen. Ob wir uns in der Stadt, auf dem Land oder in der Wildnis befinden, wir müssen unsere Kräfte bewahren, indem wir sorgfältig auf unsere Umgebung achten und unsere Bewußtheit jeden Augenblick stärken.

SITZEN GEHT ÜBERALL

Wenn du zur Ruhe und zu dir selbst zurückfinden möchtest, mußt du nicht gleich nach Hause zu deinem Meditationskissen oder in ein Meditationszentrum eilen, um bewußtes Atmen zu üben. Du kannst überall atmen: auf deinem Stuhl im Büro oder in deinem Auto. Selbst wenn du dich in einem Kaufhaus voller Menschen befindest oder in der Bank in einer Schlange wartest, dich langsam erschöpft fühlst und in dich selbst zurückkehren müßtest, kannst du gleich dort bewußtes Atmen und Lächeln üben.

Wo du auch bist, du kannst immer achtsam atmen.

Wir alle haben es nötig, von Zeit zu Zeit zu uns selbst zurückzukehren, um uns den Schwierigkeiten des Lebens stellen zu können. Wir können das in jeder Lage tun – im Stehen, Sitzen, Liegen oder Gehen. Die Sitzstellung ist natürlich am leichtesten zu halten, wenn die Möglichkeit zum Sitzen besteht.

Einmal wartete ich im *Kennedy Airport* in New York auf ein Flugzeug, das vier Stunden Verspätung hatte, und es machte mir Spaß, mich direkt in der Wartehalle mit gekreuzten Beinen hinzusetzen. Ich rollte nur meinen Pullover zusammen, nahm ihn als Kissen und ließ mich nieder. Die Leute schauten mich neugierig an, beachteten mich aber schon bald nicht mehr, und ich blieb friedlich sitzen. Es gab keinen Platz zum Ausruhen; der Flughafen war voller Leute, und so machte ich es mir an Ort und Stelle bequem. So auffällig magst du vielleicht nicht meditieren wollen, aber du kannst ja in jeder Lage achtsam atmen und dir jederzeit helfen, zu dir zurückzufinden, um dich zu erholen.

MEDITATION IM SITZEN

Die stabilste und bequemste Meditationshaltung ist das Sitzen mit gekreuzten Beinen auf einem Polster. Nimm ein Kissen dafür, das ausreichend dick ist und dich stützen kann. Die halbe und die ganze Lotosstellung eignen sich hervorragend, Körper und Geist Festigkeit zu geben. Wenn du die Lotosstellung einnehmen willst, legst du sanft die Beine übereinander, indem du (beim halben Lotos) einen Fuß oder (beim ganzen Lotos) beide Füße auf den jeweils anderen Oberschenkel legst. Wenn dir die Lotosstellung schwerfällt, genügt es, einfach mit gekreuzten Beinen oder in irgendeiner bequemen Haltung zu sitzen. Laß den Rücken gerade sein, halte deine Augen halb geschlossen und falte die Hände bequem im Schoß. Wenn es dir lieber ist, kannst du dich auf einen Stuhl setzen, die Füße flach auf dem Boden, die Hände ruhig im Schoß. Du kannst dich auch mit dem Rücken flach auf den Boden legen, die Beine ausgestreckt und ein wenig geöffnet, die Arme seitlich, die Handflächen am besten nach oben.

Wenn dir die Beine oder Füße während der Meditation im Sitzen einschlafen oder anfangen, weh zu tun und dich in deiner Konzentration beeinträchtigen, kannst du ohne weiteres deine Haltung in Ordnung bringen. Wenn du dabei langsam und aufmerksam vorgehst, deinem Atem und jeder Bewegung des Körpers folgst, wird die Konzentration auch nicht einen Augenblick nachlassen. Wenn der Schmerz stark ist, stehst du auf, gehst langsam und bewußt umher und setzt dich wieder hin, wenn du soweit bist.

In manchen Meditationszentren ist den Übenden keine Bewegung gestattet, solange sie im Sitzen meditieren. Sie müssen häufig große Qualen ertragen. Mir kommt das unnatürlich vor. Wenn einer unserer Körperteile gefühllos wird oder schmerzt, sagt er uns etwas, und wir sollten auf ihn hören. Wir sitzen und meditieren, damit wir leichter Frieden, Freude und Gewaltlosigkeit entwickeln können, und nicht, weil wir uns körperlich überanstrengen oder schaden wollen. Andere werden wir kaum stören, wenn wir die Haltung ändern oder ein wenig im Gehen meditieren, und uns kann es sehr hilfreich sein.

Manchmal benutzen wir vielleicht die Meditation,

um uns vor uns selbst und dem Leben wie ein Kaninchen zu verstecken, das sich in seinen Bau zurückzieht. Auf diese Weise gelingt es uns womöglich, eine Weile einen Bogen um ein paar Probleme zu machen, aber wenn wir aus unserm „Schlupfloch" hervorkommen, müssen wir uns ihnen wieder stellen. Wenn wir unsere Meditation zum Beispiel recht intensiv üben, können wir eine gewisse Erleichterung spüren, da wir unsere Kräfte erschöpfen und die Energie nicht dafür einsetzen, uns den Schwierigkeiten zu stellen. Wenn die Energie aber zurückkehrt, kehren auch die Probleme mit ihr zurück.

Wir sollten die Meditation sanft, aber stetig üben, im gesamten Alltag, und uns keine Gelegenheit, kein Ereignis entgehen lassen, um tief in die wahre Natur des Lebens zu blicken, zu dem auch unsere tagtäglichen Probleme gehören. Wenn wir so üben, bleiben wir mit dem Leben in enger, tiefer Verbindung.

DIE KUNST, ACHTSAM ZU LEBEN

Die Natur ist unsere Mutter. Getrennt von ihr, werden wir krank. Manche von uns wohnen in Schachteln, die Appartements genannt werden, hoch über dem Erdboden. Um uns ist nichts als Beton, Metall und ähnliche harte Materialien. Unsere Finger haben keine Gelegenheit mehr, Erde zu berühren. Wir pflanzen keinen Salat mehr an. Weil wir so fern von Mutter Erde leben, werden wir krank. In vielen Städten sind keine Bäume mehr zu sehen – die Farbe Grün ist nirgendwo zu erblicken.

Eines Tages malte ich mir eine Stadt aus, in der nur

noch ein Baum übrig war. Der Baum war noch immer schön, aber sehr allein mitten in der Stadt, von Gebäuden umgeben. Viele Menschen wurden krank, und die meisten Ärzte wußten nicht, wie sie die Krankheit behandeln sollten. Ein sehr guter Arzt erkannte jedoch die Gründe der Krankheit und verschrieb jedem Patienten folgendes: „Jeden Tag mit dem Bus in die Stadtmitte fahren, um den Baum anzusehen. Beim Näherkommen Ein- und Ausatmen üben; wenn Sie am Baum sind, ihn umarmen, fünfzehn Minuten ein- und ausatmen, dabei den Baum betrachten, der so grün ist, die Rinde riechen, die so gut duftet. Wenn Sie das tun, werden Sie sich in ein paar Wochen viel besser fühlen."

Die Menschen fühlten sich allmählich besser, aber schon sehr bald eilten so viele Leute zum Baum, daß sie in einer kilometerlangen Schlange warten mußten. Du weißt, daß die Menschen in unserer Zeit kaum Geduld haben, und so war das drei- oder vierstündige Stehen und Warten, bis man den Baum umarmen konnte, einfach zuviel, und die Menschen lehnten sich auf. Sie organisierten Demonstrationen für ein neues Gesetz, nach dem jedem nur noch fünf Minuten Baumumarmen gestattet waren, was natürlich die Zeit, in der eine Heilung geschehen konnte, stark einschränkte. Und schon bald wurde die Frist auf eine Minute herabgesetzt, und die Möglichkeit, von unserer Mutter Erde geheilt zu werden, bestand nicht mehr.

Wenn wir nicht achtsam sind, könnten wir schon bald in diese Situation kommen. Wir müssen üben, alles, was wir tun, bewußt zu tun, wenn wir unsere Mutter Erde und auch uns selbst und unsere Kinder retten möchten. Wenn wir zum Beispiel in den Mülleimer blicken, können wir Salat, Gurken, Tomaten und Blumen sehen.

Wenn wir eine Bananenschale in den Müll werfen, sind wir uns bewußt, daß wir eine Bananenschale wegwerfen und daß sie sich bald in eine Blume oder ein Gemüse verwandelt haben wird. Das genau heißt Meditation üben.

Wenn wir eine Plastiktüte auf den Müll werfen, wissen wir, daß sie sich von einer Bananenschale unterscheidet. Es wird lange dauern, bis sie zu einer Blume wird. „Wenn ich eine Plastiktüte auf den Müll werfe, weiß ich, daß ich eine Plastiktüte auf den Müll werfe." Diese Bewußtheit allein hilft uns schon, die Erde zu schützen, Frieden zu schaffen und für das Leben im gegenwärtigen Moment und in der Zukunft etwas zu tun. Wenn wir bewußt leben, werden wir natürlich versuchen, weniger Plastiktüten zu verwenden. Das ist friedvolles Handeln, eine Art grundlegender Friedensaktion.

Wenn wir eine Wegwerfwindel mit Plastikbeschichtung in den Mülleimer werfen, wissen wir, daß es noch länger dauern wird, bis daraus eine Blume wird, vierhundert Jahre oder noch mehr. Wir wissen, daß die Verwendung dieser Windeln nicht zum Frieden beiträgt, und so sehen wir uns nach anderen Möglichkeiten um, unser Baby zu pflegen. Wir üben das Atmen, betrachten unseren Körper, unsere Gefühle, unser Denken und seine Objekte und üben damit Frieden im gegenwärtigen Moment. Das ist achtsames Leben.

Nuklearer Abfall ist die schlimmste Sorte. Vierzig der fünfzig Staaten der USA sind schon mit nuklearem Abfall verschmutzt. Wir machen die Erde zu etwas, auf dem wir und viele Generationen von Kindern unmöglich leben können. Wenn wir unseren gegenwärtigen Moment achtsam leben, werden wir wissen, was zu tun ist und was nicht, und wir werden versuchen, alles so zu tun, daß es in Richtung Frieden geschieht.

DIE BEWUSSTHEIT STÄRKEN

Wenn wir uns zum Essen setzen und den Teller voller duftender und appetitlicher Speisen ansehen, können wir unsere Bewußtheit stärken, daß es Menschen gibt, die bitter unter Hunger leiden …

Vor jeder Mahlzeit können wir unsere Handflächen in Achtsamkeit aneinanderlegen und an die Kinder denken, die nicht genug zu essen haben. Wir bleiben uns so eher bewußt, wieviel Glück wir haben, und womöglich entdecken wir eines Tages Mittel und Wege, um mitzuhelfen, das System der Ungerechtigkeit in dieser Welt zu ändern. In vielen Flüchtlingsfamilien hält ein Kind vor jeder Mahlzeit seine Reisschüssel hoch und sagt in etwa: „Heute sind viele köstliche Speisen auf dem Tisch. Ich bin dankbar, mit meiner Familie hier zu sein und die wundervollen Sachen zu genießen. Ich weiß, es gibt viele Kinder, die nicht so glücklich sind, die sehr viel Hunger haben." Es ist schwer, den Kindern in den „überentwickelten" Ländern klarzumachen, daß nicht alle Kinder auf der Welt so schönes und nahrhaftes Essen haben. Das Bewußtsein dieser Tatsache allein kann uns schon eine Hilfe sein, viel vom eigenen psychischen Leid zu überwinden. Schließlich werden uns diese Betrachtungen helfen zu erkennen, wie wir denen beistehen können, die unsere Hilfe so dringend brauchen.

EIN LIEBESBRIEF AN DEINEN ABGEORDNETEN

In der Friedensbewegung gibt es eine Menge Wut, Frustration und Mißverständnisse. Die Leute der Friedensbewegung können sehr gute Protestbriefe schreiben, aber mit Liebesbriefen tun sie sich schwerer. Wir müssen lernen, dem Bundestag und dem Kanzler Briefe zu schreiben, die sie auch lesen wollen und nicht einfach nur wegwerfen. Unsere Sprechweise, die Art der Klarstellung, die Sprache, die wir verwenden, sollte den Leuten nicht die Lust nehmen. Der Kanzler ist ein Mensch wie wir alle.

Kann die Friedensbewegung liebevoll sprechen und den Weg zum Frieden weisen? Ich denke, das hängt davon ab, ob die Menschen in der Friedensbewegung „Frieden *sein*" können. Denn ohne Frieden zu *sein*, können wir gar nichts für den Frieden *tun*. Wenn wir nicht lächeln können, können wir anderen Menschen nicht zu einem Lächeln verhelfen. Wenn wir nicht friedfertig sind, können wir nichts zur Friedensbewegung beitragen.

Ich hoffe, wir können der Friedensbewegung eine neue Dimension verleihen. Die Friedensbewegung ist oft voller Wut und Haß und wird keinesfalls der Rolle gerecht, die wir von ihr erwarten. Eine neue Art des Friedenseins, des Friedenschaffens ist nötig. Daher ist es so wichtig, daß wir Achtsamkeit üben: damit wir in der Lage sind, hinzuschauen, zu sehen und zu verstehen. Es wäre wundervoll, wenn wir der Friedensbewegung unsere nichtdualistische Sicht der Dinge bringen könnten. Das allein würde schon Haß und Aggression verringern. Friedensarbeit heißt vor allem Frieden *sein*. Wir bauen aufeinander. Unsere Kinder bauen auf uns, damit es für sie eine Zukunft gibt.

BÜRGERRECHT

Als Bürger tragen wir eine große Verantwortung. Unser Alltag, wie wir trinken, was wir essen, hat mit der politischen Situation der Welt zu tun. Jeden Tag tun wir Dinge, *sind* wir Dinge, die mit Frieden zu tun haben. Wenn uns unsere Lebensweise bewußt ist, unser Konsumieren, unsere Sicht der Dinge, werden wir wissen, wie wir genau in dem Moment, in dem wir leben, Frieden schaffen können. Die Freiheit hängt nicht von unserer Regierung ab, sondern von unserem Alltagsleben. Wenn wir es möglich machen, die Politik zu verändern, so wird sie es tun. Das ist jetzt noch nicht möglich.

Du denkst vielleicht, wenn du in die Regierung eintreten und Macht haben würdest, könntest du alles tun, was du willst, aber das stimmt nicht. Wenn du Kanzler wärst, würdest du dich dieser harten Tatsache gegenübersehen – du würdest wahrscheinlich das gleiche tun wie unser jetziger Kanzler, vielleicht ein bißchen besser, vielleicht ein bißchen schlechter.

Meditation heißt, sich die Dinge genau anschauen und sehen, wie wir uns ändern, wie wir unsere Lage verwandeln können. Unsere Situation zu verwandeln, bedeutet auch, unseren Geist zu wandeln. Unseren Geist zu wandeln, bedeutet auch, unsere Situation zu verwandeln, denn die Situation ist der Geist, und der Geist ist die Situation.

Wesentlich ist das Erwachen. Die Natur der Bomben, die Natur der Ungerechtigkeit und die Natur unseres eigenen Wesens sind identisch.

Wenn wir selbstverantwortlicher zu leben beginnen, müssen wir unsere politischen Führer auffordern, sich in die gleiche Richtung zu bewegen. Wir müssen sie darin bestärken, der Verschmutzung der Umwelt und unseres Bewußtseins ein Ende zu setzen. Wir sollten ihnen helfen, Berater zu ernennen, die wie wir über den Frieden denken, damit sie sich an sie wenden können, wenn sie Rat und Unterstützung brauchen. Was uns betrifft, wird ein gewisses Maß an Aufklärung nötig sein, um die politischen Führer zu unterstützen, vor allem wenn sie in eine Wahl gehen. Wir haben die Gelegenheit, ihnen viele wichtige Dinge zu sagen, statt die führenden Personen danach auszusuchen, wie gut sie im Fernsehen aussehen, um dann später durch ihre mangelnde Achtsamkeit entmutigt zu werden.

Wenn wir Artikel verfassen und Reden halten, die unsere Gewißheit spiegeln, daß den politischen Führern von Menschen geholfen werden sollte, die Achtsamkeit üben, die ein tiefes Gefühl der Ruhe und des Friedens kennen und klare Vorstellungen haben, was die Welt sein sollte, werden wir anfangen, Führer zu wählen, die uns helfen können, in Richtung Frieden zu gehen. Die französische Regierung hat gewisse Anstrengungen in dieser Richtung unternommen und einige Ökologen und humanitär engagierte Menschen zu Ministern ernannt, so zum Beispiel Bernard Cushman, der im Golf von Siam mithalf, Boat People zu retten. Diese Haltung ist ein gutes Zeichen.

DIE ÖKOLOGIE DES GEISTES

Wir brauchen Harmonie, wir brauchen Frieden. Frieden beruht auf der Achtung vor dem Leben, auf dem Geist der Achtung vor dem Leben. Wir müssen nicht nur Menschenleben respektieren, sondern auch das Leben der Tiere, Pflanzen und Minerale. Steine können lebendig sein. Ein Stein kann zerstört werden. Die Erde ebenso. Die Zerstörung unserer Gesundheit durch die Verschmutzung von Luft und Wasser hängt mit der Zerstörung der mineralischen Welt zusammen. Wie wir Akkerbau betreiben, wie wir mit unserem Müll umgehen, all das ist miteinander verknüpft.

Ökologie sollte Tiefe haben. Sie sollte nicht nur tief, sondern allumfassend sein; unser Bewußtsein ist nämlich auch verschmutzt. Eine Form der Verschmutzung, die uns und unsere Kinder betrifft, ist zum Beispiel der überzogene Fernsehkonsum. Er streut Samen der Gewalt und Angst unter den Kindern aus und verschmutzt ihr Bewußtsein, wie wir unsere Umwelt durch Chemikalien, das Abholzen der Bäume und das Vergiften des Wassers zerstören. Wir müssen die Umwelt des Geistes schützen, oder diese Art der Gewalt und Rücksichtslosigkeit wird weiter viele andere Lebensbereiche erfassen.

DIE WURZELN DES KRIEGS

Als ich 1966 in den USA war und zu einem Waffenstillstand im Vietnamkrieg aufrief, stand ein junger amerikanischer Friedensaktivist in einem meiner Vorträge auf und schrie: „Das Beste, was Sie machen können, ist, zurück in Ihr Land zu fahren und die amerikanischen Aggressoren zu schlagen! Sie dürften gar nicht hier sein. Es bringt überhaupt nichts, daß Sie hier sind!"

Er wollte wie viele Amerikaner Frieden, aber die stellten sich darunter die Niederlage einer Seite vor, und dann wären sie in ihrer Wut zufrieden gewesen. Sie hatten so oft erfolglos einen Waffenstillstand gefordert, daß sie die Wut gepackt hatte. Schließlich konnten sie bloß noch eine Lösung akzeptieren, die auf die Niederlage ihres eigenen Landes hinauslief. Doch wir Vietnamesen, die wir unter den Bomben litten, waren realistischer. Wir wollten Frieden. Uns war es gleich, wer siegte oder verlor. Wir wollten nur, daß keine Bomben mehr auf uns abgeworfen wurden. Viele Leute in der Friedensbewegung waren aber gegen unseren Vorschlag, sofort einen Waffenstillstand zu schließen. Niemand schien zu begreifen.

Ich hörte also den jungen Mann schreien: „Gehen Sie nach Hause, und schlagen Sie die amerikanischen Aggressoren." Ich holte ein paarmal tief Luft, um mich zu fassen, und antwortete: „Mir scheint, daß viele der Wurzeln des Krieges hier in Ihrem Land liegen. Deshalb bin ich hergekommen. Eine der Wurzeln liegt in Ihrer Sicht der Welt. Beide Seiten sind Opfer einer verfehlten Politik, einer Politik, die daran glaubt, daß Probleme mit Gewalt zu lösen sind. Ich will nicht, daß Vietnamesen sterben, und ich will auch nicht, daß amerikanische Soldaten sterben."

Die Wurzeln des Krieges liegen in unserer ganz alltäglichen Lebensweise – wie wir das Wachstum unserer Industrie vorantreiben, wie wir unsere Gesellschaft gestalten, wie wir Waren konsumieren. Wir müssen uns die Situation genau ansehen, und wir werden die Wurzeln des Krieges entdecken. Wir können die Schuld nicht der einen oder der anderen Seite in die Schuhe schieben. Wir müssen von der Neigung lassen, Partei zu ergreifen.

Bei jedem Konflikt sind wir auf Menschen angewiesen, die das Leiden aller Seiten verstehen können. Wenn beispielsweise in Südafrika eine Reihe von Leuten jede Seite aufsuchen, ihr Leiden verstehen und den anderen Seiten vermitteln könnten, wäre das sicher eine große Hilfe. Wir brauchen Verbindungen. Wir brauchen Kommunikation.

Gewaltlosigkeit zu üben, bedeutet zuallererst Gewaltlosigkeit zu *werden.* Wenn es dann zu einer schwierigen Situation kommt, werden wir auf eine Weise reagieren, die die Lage bessert. Das gilt für familiäre wie für soziale Probleme.

WIE EIN BLATT HABEN WIR VIELE STIELE

An einem Herbsttag war ich in einem Park versunken in die Betrachtung eines sehr kleinen, schönen Blattes, wie ein Herz geformt. Es war fast schon rot gefärbt und hing kaum noch am Zweig, kurz davor, abzufallen. Ich verbrachte eine lange Zeit mit ihm und richtete eine Reihe Fragen an das Blatt. Ich fand heraus, daß es für den Baum wie eine Mutter gewesen war. Gewöhnlich nehmen wir an, der Baum sei die Mutter und die Blätter wären nur Kinder, aber als ich das Blatt ansah, erkannte ich, daß auch das Blatt eine Mutter für den Baum ist. Der Saft, den die Wurzeln nach oben schicken, enthält nur Wasser und Mineralstoffe, die für die Ernährung des Baumes nicht ausreichen. Der Baum verteilt den Saft zu den Blättern, und sie verwandeln den rohen Saft in einen ausgereiften und schicken ihn mit Hilfe von Sonnenlicht und Gas zurück, um den Baum zu ernähren. Daher ist das Blatt auch wie eine Mutter für den Baum. Da das Blatt über einen Stengel mit dem Baum verbunden ist, läßt sich die Kommunikation zwischen beiden leicht sehen.

Wir haben keinen Stiel mehr, der uns mit der Mutter verbindet, aber als wir in ihrem Schoß waren, hatten wir die Nabelschnur, einen sehr langen Stiel. Der Sauerstoff und die Nährstoffe, die wir brauchten, erreichten uns durch jenen Stiel. Am Tag unserer Geburt wurde er jedoch durchschnitten, und wir verfielen der Illusion, unabhängig zu werden. Das ist nicht wahr. Wir sind eine lange Zeit weiter von der Mutter abhängig, und wir haben noch viele ander Mütter. Die Erde ist unsere Mutter. Wir haben eine Vielzahl von Stielen, die uns mit der Mutter Erde verbinden. Da sind die Stiele, die uns mit den Wolken verbinden. Wenn keine Wolken kommen, haben wir kein Wasser zum Trinken. Wir bestehen aus mindestens siebzig Prozent Wasser, und der Stiel zwischen der Wolke und uns ist wirklich vorhanden. Das gilt auch für den Fluß, den Wald, den Waldarbeiter und den Bauern. Es gibt Hunderttausende von Stielen, die uns mit allem im Kosmos verknüpfen, die uns tragen und unser Dasein ermöglichen. Siehst du die Verbindung zwischen dir und mir? Wenn du nicht da bist, bin ich auch nicht da. Das ist so. Wenn du es noch nicht erkennst, schau genauer hin, und du wirst es sehen.

Ich fragte das Blatt, ob es Angst hätte, denn es war Herbst, und die anderen Blätter fielen ab. Das Blatt sagte mir: „Nein. Während des ganzen Frühlings und Sommers war ich vollkommen lebendig. Ich arbeitete schwer, half mit, den Baum zu ernähren, und jetzt befindet sich viel von mir im Baum. Ich bin nicht auf diese Form begrenzt. Ich bin auch der ganze Baum, und wenn ich zum Erdboden zurückkehre, werde ich den Baum weiter ernähren. Ich mache mir also keine Sorgen. Wenn ich diesen Zweig verlasse und zum Boden schwebe, werde ich dem Baum zuwinken und ihm sagen: ‚Ich sehe dich schon bald wieder.'"

An jenem Tag wehte der Wind, und nach einer Weile sah ich das Blatt den Zweig verlassen und zum Erdboden niederschweben. Es tanzte fröhlich, denn im Schweben sah es sich schon dort im Baum. Es war so glücklich. Ich neigte meinen Kopf und wußte, daß ich von dem Blatt eine Menge zu lernen habe.

WIR SIND ALLE MITEINANDER VERBUNDEN

Millionen Menschen interessieren sich für Sport. Wenn du gern Fußballspiele oder Leichtathletik-Wettkämpfe siehst, bist du vermutlich für einen Verein und identifizierst dich mit ihm. Du verfolgst die Spiele sicher voller Verzweiflung und Begeisterung. Womöglich bewegst du Hände und Füße, um dem Ball ein wenig nachzuhelfen. Wenn du keine Partei ergreifst, ist die Sache kaum halb so lustig. In Kriegen ergreifen wir ebenfalls Partei, gewöhnlich für die bedrohte Seite. Aus diesem Gefühl heraus entstehen Friedensbewegungen. Wir werden zornig, wir schreien, doch nur selten beziehen wir einen höheren Standpunkt, um den Konflikt wie eine Mutter zu betrachten, die ihren beiden Kindern beim Streit zusieht. Sie will nur ihre Versöhnung.

„Um gegeneinander kämpfen zu können, malten sich die Küken einer Henne Farben ins Gesicht." Ein in Vietnam geläufiges Sprichwort. Wir malen uns Farben ins Gesicht, damit wir unseren Brüdern und Schwestern wie Fremde erscheinen. Andere Menschen können wir nur erschießen, wenn sie Fremde sind. Wirkliche Bemühungen, eine Versöhnung herbeizuführen, entstehen dann, wenn wir mit den Augen des Mitleids sehen. Diese Fähigkeit bildet sich aus, wenn wir klar die Natur des Interseins und der gegenseitigen Durchdringung aller Wesen erkennen.

Vielleicht haben wir in unserem Leben das Glück, jemand zu kennen, dessen Liebe auch Raum für Tiere und Pflanzen hat. Wir kennen womöglich Menschen, die sich, obwohl sie selbst ein Leben in Sicherheit führen, im klaren sind, daß Hunger, Krankheiten und Unterdrückung Millionen Menschen auf der Erde zugrunde richten, und nach Mitteln und Wegen suchen, wie dieses Leid zu lindern ist. Sie können, selbst wenn das eigene Leben sie in Bedrängnis bringt, die Unterdrückten nicht vergessen. Diese Menschen haben wenigstens in einem gewissen Umfang die Natur des Lebens begriffen, die auf gegenseitiger Abhängigkeit beruht. Sie wissen, das Überleben der unterentwickelten Länder kann nicht getrennt vom Überleben der materiell reichen, technisch entwickelten Länder gesehen werden. Armut und Unterdrückung führen zum Krieg. In unserer Zeit zieht jeder Krieg alle Länder in Mitleidenschaft. Das Schicksal jedes Landes ist mit dem aller anderen verknüpft.

Wann werden die Küken der einen Henne die Farben von ihren Gesichtern entfernen und einsehen, daß sie Brüder und Schwestern sind? Der einzige Weg, die Gefahr zu beenden, liegt für uns darin, und wir müssen den anderen sagen: „Ich bin dein Bruder." „Ich bin deine Schwester." „Wir alle sind das Menschengeschlecht, und unser Leben ist eins."

VERSÖHNUNG

Was können wir tun, wenn wir Menschen verletzt haben und sie uns nun für Feinde halten? Dabei kann es sich um Menschen in unserer Familie, unserer Gemeinschaft oder in einem anderen Land handeln. Ich glaube, du weißt die Antwort. Da ist einiges zu tun. Als erstes nehmen wir uns die Zeit, um zu sagen: „Es tut mir leid, ich habe dich aus meiner Unwissenheit heraus verletzt, aus mangelnder Achtsamkeit, aus Ungeschicklichkeit." Manchmal haben wir gar nicht die Absicht, jemand zu verletzen, aber wir tun es doch, weil wir unachtsam oder ungeschickt sind. Es ist wichtig, im Alltag achtsam zu sein, so zu sprechen, daß niemand verletzt ist.

Als zweites können wir versuchen, den besten Teil in uns nach außen zu bringen, die Rolle der Blüte, und uns zu wandeln. Das ist die einzige Möglichkeit, den Worten Gewicht zu verleihen, die du eben ausgesprochen hast. Wenn du dich verändert hast, wenn du liebenswürdig bist, werden die anderen Menschen das schon bald bemerken. Wenn sich dann die Gelegenheit ergibt, auf die anderen zuzugehen, kannst du als Blüte zu ihnen kommen, und sie werden sofort spüren, daß du ganz anders bist. Du brauchst vielleicht gar nichts zu sagen. Wenn sie dich einfach so sehen, werden sie dich annehmen und dir verzeihen. Das wird als „mit deinem Leben und nicht nur mit Worten sprechen" bezeichnet.

Wenn du zu erkennen beginnst, daß dein Feind leidet, stehst du am Beginn der Einsicht. Wenn du in dir den Wunsch erkennst, das Leiden des anderen solle aufhören, siehst du ein Zeichen wahrer Liebe. Gib aber acht. Manchmal hältst du dich für stärker, als du bist. Wenn du deine wirkliche Stärke prüfen willst, versuchst du, zu den anderen zu gehen, um ihnen zuzuhören, mit ihnen zu sprechen, und du wirst gleich sehen, ob dein liebevolles Mitleid echt ist. Du brauchst die anderen Menschen, wenn du dich prüfen willst. Wenn du bloß über ein abstraktes Prinzip wie Verständnis oder Liebe meditierst, ist es vielleicht nichts als deine Einbildung und kein wirkliches Verständnis, keine echte Liebe.

Versöhnung bedeutet nicht, mit Doppelzüngigkeit und Grausamkeit einverstanden zu sein. Versöhnung widersetzt sich allen Formen des Ehrgeizes und ergreift keine Partei.

Die meisten von uns wollen in jeder Auseinandersetzung, jedem Konflikt Partei ergreifen. Wir unterscheiden zwischen richtig und falsch und stützen uns dabei auf einseitige Beweise oder Hörensagen. Wir handeln erst, wenn wir empört sind, aber selbst berechtigte, legitime Empörung genügt nicht. In unserer Welt fehlt es nicht an Menschen, die sofort etwas unternehmen wollen. Was wir brauchen, sind liebesfähige Menschen, denen es gelingt, keine Partei zu ergreifen und so die Wirklichkeit als Ganzes zu erfassen.

Wir müssen weiter Achtsamkeit und Versöhnung üben, bis wir den Körper des Kindes in Uganda oder Äthiopien, der nur noch Haut und Knochen ist, als unseren eigenen sehen, bis der Hunger und Schmerz in den Körpern aller Gattungen unser eigener ist. Dann werden wir Nichttrennung und wahre Liebe verwirklicht haben. Dann können wir alle Wesen mit den Augen des Mitleids sehen und uns an die wahre Arbeit machen, das Leiden lindern zu helfen.

RUF MICH BEI MEINEM WAHREN NAMEN

In *Plum Village,* meinem Wohnort in Frankreich, erhalten wir viele Briefe aus den Flüchtlingslagern in Singapur, Malaysia, Indonesien, Thailand und den Philippinen, jede Woche Hunderte. Es tut weh, sie zu lesen, aber wir müssen das machen, wir müssen in Fühlung bleiben. Wir versuchen zu helfen, so gut wir können, doch das Leiden ist unermeßlich, und manchmal verläßt uns der Mut. Es heißt, die Hälfte der Leute sterben im Meer. Nur eine Hälfte erreicht die Küsten Südostasiens, und selbst dann sind sie noch nicht unbedingt in Sicherheit.

Viele junge Mädchen der Boat People werden von Seeräubern vergewaltigt. Die Vereinten Nationen versuchen zwar gemeinsam mit vielen Ländern, der Regierung von Thailand zu helfen, die Seeräuberei zu unterbinden, aber die Piraten bringen den Flüchtlingen weiter viel Leid. Einmal erhielten wir einen Brief, der von einem jungen Mädchen in einem kleinen Boot berichtet, das von einem Thai-Piraten vergewaltigt wurde. Es war erst zwölf Jahre alt und sprang ins Meer und ertränkte sich.

Wenn du so etwas erfährst, packt dich erst einmal der Zorn über den Seeräuber. Du ergreifst selbstverständlich die Partei des Mädchens. Wenn du genauer hinschaust, wirst du es anders sehen. Wenn du dich auf die Seite des jungen Mädchen stellst, ist es einfach. Du brauchst nur zur Waffe zu greifen und den Piraten zu erschießen. Das können wir jedoch nicht machen. In meiner Meditation sah ich, wäre ich im Dorf des Piraten geboren und unter den Bedingungen dort aufgewachsen, daß ich sehr wohl auch ein Pirat hätte werden können. Ich sah, daß am Golf von Siam viele Kinder geboren werden, jeden Tag einige hundert, und wenn wir Erzieher, Sozialarbeiter, Politiker und anderen nichts unternehmen, um die Lage zu ändern, eine Reihe der Kinder in fünfundzwanzig Jahren ganz sicher Seeräuber sein werden. Wenn du oder ich heute in den Fischerdörfern dort geboren würden, wären wir in fünfundzwanzig Jahren womöglich Seeräuber. Wenn du eine Waffe nimmst und den Piraten erschießt, schießt du auf uns alle, denn wir alle sind in gewissem Umfang für die Lage der Dinge verantwortlich.

Nach langer Meditation schrieb ich dieses Gedicht. In ihm gibt es drei Menschen: das zwölfjährige Mädchen, den Seeräuber und mich. Können wir uns anblicken und uns im Gegenüber erkennen? Das Gedicht heißt „Bitte ruf mich mit meinem wahren Namen“, weil ich so viele Namen habe. Wenn ich einen dieser Namen höre, muß ich mit „Ja“ antworten.

Sag nicht, daß ich morgen abreisen werde,
denn ich komme auch heute noch an.

Schau tief hin: Ich komme jede Sekunde an,
eine Knospe im Frühlingszweig zu sein,
ein Vögelchen zu sein, die Flügel noch so zart,
um singen zu lernen in meinem neuen Nest,
eine Raupe mitten in einer Blüte zu sein,
ein Juwel in einem Stein versteckt.

Ich komme noch an, will lachen und weinen,
will fürchten und hoffen.
Der Rhythmus meines Herzens ist Geburt
Tod von allen, die leben.

Ich bin die Eintagsfliege,
die sich auf dem Spiegel
des Flusses verwandelt,
und ich bin der Vogel, der mit dem Frühling
rechtzeitig kommt, die Eintagsfliege zu fressen.

Ich bin der Frosch, der glücklich im klaren
Teich schwimmt,
und bin zugleich die Grasschlange,
die lautlos näher kommt, sich vom Frosch nährt.

Ich bin das Kind in Uganda,
nur Haut und Knochen,
meine Beine dünn wie Bambusstecken,
und ich bin der Waffenhändler,
der tödliches Kampfgerät nach Uganda verkauft.

Ich bin das zwölfjährige Mädchen,
Flüchtling in einem kleinen Boot,
die sich nach der Vergewaltigung durch einen Seeräuber ins Meer stürzt,
und bin der Seeräuber, mein Herz noch nicht imstande, zu sehen und lieben.

Ich bin ein Mitglied des Politbüros
mit massig Macht in den Händen,
und ich bin der Mann, der seine „Blutschuld“
an mein Volk bezahlen muß,
langsam in einem Arbeitslager stirbt.

Meine Freude ist wie der Frühling, so warm,
daß Blüten in allen Lebensbezirken blühen.
Mein Schmerz ist wie ein Tränenstrom, so voll,
daß alle vier Meere sich füllen.
Bitte ruf mich mit meinem wahren Namen,
damit ich all mein Weinen und Lachen
zugleich hören kann,
damit ich sehen kann,
meine Freude, mein Schmerz sind eins.

Bitte ruf mich bei meinem wahren Namen,
damit ich erwache,
und die Tür meines Herzens offenbleibt,
die Tür des Mitleids.

LEIDEN STÄRKT MITLEID

Die vergangenen dreißig Jahre haben wir in Vietnam „engagierten Buddhismus" praktiziert. Während des Krieges konnten wir nicht in der Meditationshalle sitzen bleiben. Wir mußten überall Achtsamkeit üben, vor allem dort, wo das Leiden am schlimmsten war.

Sobald wir mit der Art von Leiden in Fühlung sind, die wir während des Krieges erlebten, können wir von einem gewissen Leiden kuriert werden, das wir gut kennen, wenn unser Leben nicht sehr sinnvoll oder nützlich ist. Wenn du dich den Schwierigkeiten stellst, die uns im Krieg begegneten, siehst du, daß du eine Quelle des Mitgefühls sein und vielen leidenden Menschen helfen kannst. In diesem intensiven Leiden spürst du eine Art Erleichterung und Freude in dir, weil du weißt, daß du ein Werkzeug des Mitleids bist. Weil du das intensive Leiden verstehst und dem Mitleid Ausdruck verleihst, wirst du zu einem freudvollen Menschen, selbst wenn dein Leben sehr hart ist.

Als einige Freunde und ich letzten Winter die Flüchtlingslager in Hongkong aufsuchten, sahen wir so viel Leiden. Es gab dort Boat People, die gerade ein oder zwei Jahre alt waren und in ihr Land zurückgeschickt werden sollten, weil sie als illegale Einwanderer galten. Sie hatten auf der Fahrt sowohl Vater wie Mutter verloren. Wenn du solches Leiden siehst, weißt du, daß das Leiden, das deine Freunde in Europa und Amerika durchmachen, nicht so groß ist.

Wenn wir von solchen Begegnungen zurückkehren, wird uns jedesmal klar, daß die Stadt Paris keine große Wirklichkeit hat. Die Lebensweise der Menschen dort und die Realität des Leidens in anderen Weltgegenden sind so verschieden. Ich fragte, wie Menschen auf diese Weise leben können, wenn die Dinge so stehen? Aber wenn du zehn Jahre in Paris lebst und nicht auf dem laufenden bist, kommt es dir normal vor.

Meditation heißt in Verbindung sein. Manchmal mußt du den Ort des Leidens gar nicht aufsuchen. Du sitzt auf deinem Kissen und kannst alles sehen. Du kannst dir alles vergegenwärtigen, kannst dir bewußt sein, was in der Welt vor sich geht. Aus dieser Art der Bewußtheit gehen wie von selbst Mitleid und Verstehen hervor, und du kannst wirklich in deinem Land bleiben und sozial tätig werden.

LIEBE IN AKTION

Im Verlauf unserer gemeinsamen Reise habe ich eine Reihe von Übungen angegeben, mit deren Hilfe die Achtsamkeit auf das gerichtet bleibt, was in uns und unserer unmittelbaren Umgebung vor sich geht. Für unseren Weg in die Welt hinaus gibt es jetzt ein paar weitere Richtlinien, die uns helfen und schützen. Mehrere Mitglieder unserer Gemeinschaft haben die folgenden Grundsätze praktiziert, und du wirst sie, glaube ich, ebenfalls nützlich finden, wenn du Entscheidungen triffst, wie du in der heutigen Zeit leben willst. Wir nennen es die vierzehn Regeln des Ordens des Interseins.

1. Laß dich von keiner Lehre, Theorie oder Ideologie fesseln oder zu abgöttischer Verehrung hinreißen. Alle

Denksysteme geben nur Richtungen an; sie sind nicht absolute Wahrheit.

2. Geh nicht davon aus, das Wissen, das du gegenwärtig besitzt, sei unveränderliche, absolute Wahrheit. Vermeide Engstirnigkeit und bleibe nicht an momentanen Anschauungen kleben. Lerne und übe das Nichtanhaften an Anschauungen, damit du offen bist, die Ansichten anderer Menschen zuzulassen. Wahrheit findet sich im Leben und nicht bloß in begrifflichem Wissen. Sei bereit, dein ganzes Leben lang zu lernen und die Wirklichkeit in dir und der Welt immerzu wahrzunehmen.

3. Dränge andere Menschen, einschließlich Kinder, unter keinen Umständen dazu, deine Ansichten zu übernehmen, ob du dich nun dabei auf Autorität, Drohungen, Geld, Propaganda oder auch die Erziehung stützt. Doch hilf anderen in einem Dialog voller Mitgefühl, Fanatismus und Engstirnigkeit aufzugeben.

4. Geh der Berührung mit dem Leiden nicht aus dem Weg, verschließe nicht die Augen vor ihm. Vergiß nicht, dir bewußtzumachen, daß es im Leben der Welt Leiden gibt. Suche auf alle Fälle Wege, bei den Leidenden zu sein, auch durch persönliche Kontakte und Besuche oder über Bilder und Klänge. Weck dich und die anderen auf diese Weise auf, damit ihr die Realität des Leidens in der Welt seht.

5. Sammle keinen Reichtum an, während Millionen hungern. Setz dir kein Lebensziel wie Ruhm, Profit, Reichtum oder Sinneslust. Leb einfach und teile Zeit, Energie und materielle Mittel mit den Notleidenden.

6. Halte nicht an Wut oder Haß fest. Lerne sie zu durchschauen und umzuwandeln, solange sie bloß Samen in deinem Bewußtsein sind. Sobald Wut oder Haß

aufsteigen, richtest du deine Aufmerksamkeit auf den Atem, um die Natur deiner Wut oder deines Hasses zu erkennen und zu verstehen, außerdem das Wesen der Menschen, die der Anlaß deiner Wut, deines Hasses sind.

7. Verlier dich nicht in Zerstreuungen oder deiner Umwelt. Übe achtsames Atmen, um zu dem zurückzukehren, was im gegenwärtigen Moment geschieht. Sei in Fühlung mit dem Wunderbaren, Erquickenden und Heilsamen, das in dir und um dich herum ist. Pflanze die Samen der Freude, des Friedens und Verstehens in dich ein, damit das Werk der Umwandlung in den Tiefen deines Bewußtseins leichter vonstatten geht.

8. Sprich keine Worte aus, die Zwietracht säen und die Gemeinschaft zerbrechen lassen. Gib dir alle Mühe, jeden Konflikt, wie klein er auch sein mag, beizulegen und zu lösen.

9. Sag nichts Unwahres um persönlicher Vorteile willen oder weil du die Leute beeindrucken willst. Sprich keine Worte aus, die zu Entzweiung und Haß führen. Verbreite keine Neuigkeiten, wenn du nicht sicher weißt, daß sie stimmen. Kritisiere und verdamme keine Dinge, die du nicht genau kennst. Sprich stets aufrichtig und konstruktiv. Sprich mutig über Ungerechtigkeiten, auch wenn das deine Sicherheit gefährdet.

10. Benutze die religiöse Gemeinschaft nicht dazu, persönlichen Einfluß zu gewinnen oder Profit zu machen. Verwandle deine Gemeinschaft nicht in eine politische Partei. Eine religiöse Gemeinschaft sollte sich allerdings deutlich gegen Unterdrückung und Ungerechtigkeit wenden und sich bemühen, die Lage zu ändern, ohne sich auf Parteienstreit einzulassen.

11. Geh keinem Beruf nach, der die Menschen und

die Natur schädigt. Gib dein Geld nicht Gesellschaften, die anderen die Lebensmöglichkeiten nehmen. Such dir einen Beruf, der dir bei der Verwirklichung deines Ideals des Mitleids hilft.

12. Töte nicht. Laß nicht zu, daß andere töten. Suche nach allen möglichen Mitteln und Wegen, Leben zu schützen und Krieg zu verhindern.

13. Besitz nichts, was eigentlich anderen gehört. Achte das Eigentum anderer, doch halte sie davon ab, sich zu bereichern und dabei das Leiden von Menschen oder anderen Wesen in Kauf zu nehmen.

14. Geh nicht schlecht mit deinem Körper um. Lerne ihn mit Achtung zu behandeln. Sieh deinen Körper nicht bloß als Werkzeug. Erhalte deine Lebensenergien, um den Weg zu verwirklichen. Zur Sexualität sollte es ohne Liebe und Engagement nicht kommen. Sei dir in sexuellen Beziehungen bewußt, daß möglicherweise zukünftiges Leiden geschaffen wird. Respektiere die Rechte und Bindungen anderer Menschen, damit ihr Glück erhalten bleibt. Sei dir voll bewußt, welche Verantwortung es ist, neues Leben in die Welt zu setzen. Meditiere über die Welt, in die du neue Wesen bringen möchtest.

DER FLUSS

Einst suchte ein schöner Fluß seinen Weg durch die Hügel, Wälder und Wiesen. Er begann als fröhlicher Wasserstrahl, als Quelle, die tanzend und singend den Berg hinablief. Damals war er sehr jung, und als er das Flachland erreichte, verlangsamte sich sein Lauf. Er dachte daran, zum Ozean zu reisen. Als er größer wurde, lernte er, schön zu sein, und wand sich anmutig durch die Hügel und Wiesen.

Eines Tages bemerkte er die Wolken in sich selbst, Wolken mit allen möglichen Farben und Formen. Damals machte er nichts, als Wolken nachzujagen. Er wollte eine Wolke besitzen, sie für sich haben. Doch die Wolken schweben und ziehen über den Himmel und verändern ständig ihre Form. Manchmal sehen sie wie ein Mantel aus, dann wieder wie ein Pferd. Der Fluß litt stark, weil sich in den Wolken die Natur der Unbeständigkeit so deutlich zeigte. Vergnügt und fröhlich war er nur noch, wenn er den Wolken nachjagte; einer nach der anderen, und so ergriffen Verzweiflung, Wut und Haß von seinem Leben Besitz.

Dann kam einmal ein starker Wind und blies alle Wolken vom Himmel fort. Der Himmel wurde völlig leer. Unser Fluß dachte sich, das Leben sei nicht mehr lebenswert, weil es keine Wolken mehr gab, denen er nachjagen konnte. Er wollte sterben. Wieso soll ich noch leben, wenn es keine Wolken mehr gibt? Aber wie kann sich ein Fluß das Leben nehmen?

In jener Nacht hatte der Fluß Gelegenheit, zum erstenmal zu sich selbst zurückzukehren. Er war so lang etwas nachgelaufen, das sich außerhalb von ihm befand, daß er sich selbst nie gesehen hatte. In jener Nacht hatte er zum erstenmal Gelegenheit, das eigene Rufen zu hören, die Geräusche des Wassers, das gegen die Ufer schlug. Weil er seiner Stimme zuhören konnte, entdeckte er etwas sehr Wesentliches.

Er erkannte, daß das, wonach er Ausschau hielt, schon in ihm war. Er fand heraus, daß Wolken nichts als Wasser sind. Wolken werden vom Wasser geboren und kehren zu ihm zurück. Und der Fluß sah, daß auch er aus Wasser ist.

Als die Sonne am nächsten Morgen am Himmel stand, entdeckte der Fluß etwas Schönes. Er sah zum erstenmal den blauen Himmel. Er hatte ihn noch nie bemerkt. Er hatte sich bloß für Wolken interessiert, und ihm war der Himmel entgangen, die Heimat aller Wolken. Wolken sind unbeständig, doch der Himmel bleibt sich gleich. Er begriff, daß der unermeßliche Himmel von Anbeginn in seinem Herzen gewesen war. Diese tiefe Einsicht brachte ihm Frieden und Glück. Der Fluß sah den weiten, wundervollen Himmel und wußte, daß ihm Frieden und Beständigkeit nie verlorengehen würden.

Am Nachmittag kehrten die Wolken zurück, doch diesmal wollte der Fluß nicht eine einzige besitzen. Er konnte die Schönheit jeder Wolke sehen und sie alle willkommen heißen. Wenn eine Wolke vorüberzog, grüßte er sie oder ihn aus vollem, gütigen Herzen. Wenn die Wolke weiter wollte, winkte er ihr oder ihm glücklich und aus vollem, gütigen Herzen nach. Er erkannte, daß alle Wolken er selbst sind. Er mußte sich nicht für die Wolken oder sich selbst entscheiden. Zwischen ihm und den Wolken waren Frieden und Harmonie.

An jenem Abend geschah etwas Wunderbares. Als der Fluß sein Herz vollkommen dem Abendhimmel öffnete, empfing er das Bild des Vollmondes – schön, rund, wie ein Juwel in seinem Innern. Er hatte nie gedacht, daß er ein so schönes Bild empfangen könne. Es gibt ein wunderschönes chinesisches Gedicht:

Der neue und schöne Mond zieht über den äußerst leeren Himmel.
Wenn die Geist-Flüsse der Lebewesen frei sind,

wird sich das Bild des schönen Mondes in jedem von uns spiegeln.

So sann der Fluß in diesem Augenblick. Er empfing das Bild des schönen Mondes im Herzen, und Wasser, Wolken und Mond nahmen sich an den Händen und übten die Meditation im Gehen, langsam, langsam zum Ozean hin.

Es gibt nichts, dem nachzujagen wäre. Wir können zu uns selbst zurückkehren, unseren Atem genießen, unser Lächeln, uns selbst und unsere schöne Umgebung.

AN DER SCHWELLE ZUM EINUNDZWANZIGSTEN JAHRHUNDERT

Das Wort „Politik" wird heutzutage viel verwendet. Es scheint für fast alles eine Politik zu geben. Ich habe gehört, daß die sogenannten entwickelten Länder über eine Müllpolitik nachdenken, bei der ihr Abfall mit Riesenbooten in die dritte Welt geschafft werden soll.

Ich denke, wir brauchen eine „Politik", die sich mit unserem Leiden befaßt. Wir wollen keine Rechtfertigung für das Leiden finden, sondern eine Möglichkeit, wie wir Gebrauch von unserem Leiden machen können, zu unserem Besten, zum Besten der anderen. Das zwanzigste Jahrhundert hat soviel Leiden gesehen: zwei Weltkriege, Konzentrationslager in Europa, die Todesfelder in Kambodscha, Flüchtlinge aus Vietnam, aus Mittelamerika und anderswo, die ihre Länder verlassen und nicht wissen, wohin sie sich wenden sollen. Wir müssen eine Politik für diese Art von Müll formulieren. Wir müssen das Leiden des zwanzigsten Jahrhunderts als Kompost benutzen, damit wir gemeinsam Blumen für das einundzwanzigste ziehen können.

Wenn wir Fotos und Sendungen über die Greueltaten der Nazis sehen, die Gaskammern und Lager, bekommen wir Angst. Wir sagen womöglich: „Ich war das nicht. Die haben das gemacht." Doch wenn wir dort gewesen wären, hätten wir uns vielleicht genauso verhalten, wären wir vielleicht wie viele damals zu feige gewesen, dem Schrecklichen Einhalt zu gebieten. Wir müssen das alles auf unseren Komposthaufen geben, damit der Boden fruchtbar wird. Viele junge Deutsche haben eine Art Komplex, sie seien irgendwie für das Leiden verantwortlich. Wesentlich ist, daß diese jungen Menschen und die Generation, die für den Krieg verantwortlich war, einen Neuanfang machen und gemeinsam einen Pfad der Achtsamkeit schaffen, damit unsere Kinder im nächsten Jahrhundert die alten Fehler vermeiden können. Die Blüte der Toleranz, kulturelle Unterschiede zu sehen und zu schätzen, gehört zu den Blumen, die wir für die Kinder des einundzwanzigsten Jahrhunderts ziehen können. Eine weitere Blume ist die Wahrheit des Leidens – in unserem Jahrhundert hat es soviel unnötiges Leiden gegeben. Wenn wir bereit sind, zusammen zu arbeiten und zu lernen, können wir alle aus den Fehlern unserer Zeit Nutzen ziehen. Wenn wir mit den Augen des Mitleids und Verstehens hinschauen, können wir dem nächsten Jahrhundert einen prächtigen Garten und klaren Pfad schenken.

Nimm dein Kind an der Hand und bitte es, mit dir draußen im Gras zu sitzen. Vielleicht möchtet ihr beide das grüne Gras betrachten, die winzigen Blumen, die dazwischen wachsen, den Himmel. Zusammen atmen und ein Lächeln pflanzen – das ist Erziehung zum Frieden. Wenn wir diese schönen Dinge zu schätzen wissen, müssen wir uns nicht auf die Suche nach anderen Dingen begeben. Frieden ist in jedem Moment erreichbar, mit jedem Atemzug, mit jedem Schritt.

Ich habe unsere gemeinsame Reise genossen. Ich hoffe, du auch. Wir werden uns wiedersehen.

QUELLENVERZEICHNIS

Die Texte sind – mit freundlicher Genehmigung der jeweiligen Verlage – folgenden Büchern Thích Nhât Hanhs entnommen:

1. Der Geruch von Frisch Geschnittenem Gras. Anleitung zur Gehmeditation, 3. Auflage 1995, Verlag ZENKLAUSEN in der EIFEL, Lautzerath. Seite 6, 8, 10, 12, 14, 16, 18, 20, 22, 24, 26

2. Ein Lotos erblüht im Herzen – die Kunst des achtsamen Lebens, 1995, Wilhelm Goldmann Verlag GmbH, München 1995. Seite 47–76

3. Und ich blühe wie eine Blume ... Geführte Meditationen und Lieder, 1995, Aurum Verlag, Braunschweig 1995. Seite: 56–91

4. Ich pflanze ein Lächeln. Der Weg der Achtsamkeit, 1991, Wilhelm Goldmann Verlag GmbH, München. Seite 17–26 und 127–157

5. Klar wie ein stiller Fluß. Gedanken zu Achtsamkeit im Alltag, 1993, Werner Kristkeitz Verlag, Leimen 1993. Seite 60–93

ANSCHRIFTEN

Spirituelles Zentrum von Thích Nhât Hanh
Plum Village
New Hamlet
13 Martineau
F-33580 Dieulivol
Tel. 00 33 5 56 61 66 88
Fax 00 33 5 56 61 61 51
NH-Office@plumvillage.org
www.plumvillage.org

Nähere Informationen für Deutschland
Gemeinschaft für achtsames Leben, Bayern e.V.
Karl Schmied
Postfach 60
83730 Fischbachau
Tel. 0 80 28-92 81
Fax 0 80 28-21 20
karlschmied.gal@t-online.de

Zenklausen in der Eifel
ZEN-Laienkloster
Adelheid Meutes-Wilsing/Judith Bossert
Huffertsheck 1
D-54619 Lautzerath
Tel. 0 65 59-4 67
Fax 0 65 59-13 42
www.zenklausen.de

Nähere Informationen und Seminarangebote für die Schweiz
Meditationszentrum Haus Tao
Marcel und Beatrice Geisser
CH-9427 Wolfhalden
Tel. 00 41 7 18 88 35 39
Fax 00 41 7 18 80 05 38

Seminarangebote für Deutschland
InterSein Zentrum für Leben in Achtsamkeit
–Haus Maitreya–
Unterkashof 2 1/3
94545 Hohenau
Tel. 0 85 58-92 02 52

Thich Nhat Hanh

Lächle deinem eigenen Herzen zu
Wege zu einem achtsamen Leben
Hg. von Judith Bossert
Band 4883
Die einfache, tiefe Botschaft an Menschen, die in der Hektik des Alltags beim Gehen schon ans Rennen denken.

Schritte der Achtsamkeit
Eine Reise an den Ursprung des Buddhismus
Hg. von Thomas Lüchinger
Band 4890
Das Buch zum Film. Mit eindrucksvollen s/w-Fotos.

Schlüssel zum Zen
Der Weg zu einem achtsamen Leben
Band 5335
Der Klassiker der Zenliteratur: So erschließt Achtsamkeit im Alltag für jeden Quellen der Lebensfreude.

Das Herz von Buddhas Lehre
Leiden verwandeln – die Praxis des glücklichen Lebens
Band 5412
Die praktische und profunde Erschließung eines uralten geistigen Wegs. „Als Einführung in den Buddhismus meistervoll.“ (Publishers Weekly)

Jesus und Buddha – Ein Dialog der Liebe
Band 5581
Die Essenz zweier großer Lehrer – für heutige Sinnsuche fruchtbar gemacht. Jesus und Buddha gehen einen gemeinsamen Weg. Ein Brückenschlag zwischen den Religionen.

HERDER spektrum

Dalai Lama

Glück
Sinn im Leben finden
Band 5490

Der Bestseller jetzt im Taschenbuch **Der Weg zum.**
„Die klaren Worte des Dalai Lama bestechen durch ihre Bescheidenheit, ihre Herzenswärme und profunde Sanftmut" (Münchner Merkur).

Wie man besser leben kann
Der Pfad des Glücks
Band 5606

Wir können etwas tun für ein erfülltes Leben. Der Pfad des Glücks steht allen offen – daran erinnern diese Texte – voll unmittelbarer Energie. Ein Begleitbuch im Alltag.

Vision des Herzens
Güte verändert die Welt
Band 5650

Sein Blick geht optimistisch in die Zukunft, weil er alte Weisheiten kreativ in Verbindung setzt mit Fragen der Zeit und zu überraschenden Lösungen kommt: für die Weltgemeinschaft. Und für die Einzelnen.

Mit dem Dalai Lama den Tag beschließen
Band 5706

Guter Schlaf macht glücklich! Den Weg zu Ruhe und Gelassenheit finden. Jeden Abend gut beenden. Und jeden Morgen anders aufwachen. Dazu laden diese Texte ein.

Glücksregeln für den Alltag
Band 5843

Das Glück ist nicht nur für besondere Gelegenheiten da, sondern auch im Alltag zu finden, sogar bei der Arbeit. Der große Weisheitslehrer zum konkreten Arbeitsalltag.

Anselm Grün

50 Engel für das Jahr
Ein Inspirationsbuch
Band 4902

Die 50 Engel des Jahres sind inspirierende und diskrete Begleiter des Alltags. Ein „himmlisches“ Buch, zum Schmökern und Verschenken.

50 Engel für die Seele
Band 5277

Anselm Grün ermutigt auf wohltuend vertraute und inspirierende Weise, sich auf die Kräfte einzulassen, die unser Leben beflügeln können.

50 Helfer in der Not
Die Heiligen fürs Leben entdecken
Band 5288

Die Geschichten der Heiligen – neu erzählt und faszinierend ausgelegt – geben neue Perspektiven in unserem Leben.

Bleib deinen Träumen auf der Spur
Buch der Sehnsucht
Hg. von Anton Lichtenauer
Band 5550

Sehnsucht ist der Anfang von allem. Anselm Grün inspiriert dazu, mit dieser Kraft der Seele in Berührung zu kommen. Wer auf die Stimme seines Herzens hört, dessen Leben wird sich verwandeln.

Das Buch der Lebenskunst
Hg. von Anton Lichtenauer
Band 5700

Endlich im Taschenbuch: Der Bestseller des „Glückspaters“.
Seine Botschaft: Sei, der du bist – aber kreise nicht ständig um dein Ego.
Nur wer barmherzig mit sich selber ist, kann gut sein – zu sich und anderen.